◎ 漫漫经典情丛书·哲学卷

觉知 觉醒

陈艳敏 著

天津出版传媒集团

天津教育出版社

图书在版编目（CIP）数据

漫漫经典情. 哲学卷：觉知，觉醒 / 陈艳敏著. --天津：天津教育出版社，2020.1
ISBN 978-7-5309-8236-5

Ⅰ.①漫… Ⅱ.①陈… Ⅲ.①读书笔记－中国－现代 Ⅳ.①G792

中国版本图书馆CIP数据核字（2018）第300888号

漫漫经典情——哲学卷：觉知，觉醒
MANMANJINGDIANQING——ZHEXUEJUAN: ZHIJUE ZHIXING

出 版 人	黄 沛
作　　者	陈艳敏
选题策划	齐 力
责任编辑	齐 力
装帧设计	郭亚非
出版发行	天津出版传媒集团 天津教育出版社 天津市和平区西康路35号 邮政编码 300051 http://www.tjeph.com.cn
经　　销	新华书店
印　　刷	北京楠萍印刷有限公司
版　　次	2020年1月第1版
印　　次	2020年1月第1次印刷
规　　格	16开（787毫米×1092毫米）
字　　数	135千字
印　　张	13.25
定　　价	49.80元

书香溢远，经典常新
——"漫漫经典情"丛书自序

阅读是我生活不可缺少的一部分。安静的桌前，古老的树下，忙里偷闲的间歇，流动的舟车之上，随时随地都是阅读的好时光。边读边想边记，跨越时空与大家、圣贤作奇妙的对话，推动不曾开启的门窗，探询崭新的天地，洞见不同的境界，陷入深思或遁入回想，观照自身或打量世界，于我都是无比幸福的事。由此内心安静从容，常怀欢喜。

我并不知道那是一种怎样的驱使，每天醒来第一件事直奔书桌，伴着窗外小鸟的歌唱埋头读书，或者写字，被一种莫名的力量牵引着，激发着。包里也是常年揣着本书，茶余饭后，随时随地利用貌似不多但却常在的"零碎时间"，遨游于书本构筑的奇异世界，敞亮、开阔而又通透。

书本一页一页地翻开，文字也在一日一日地累积。承蒙天津教育出版社的美意，将其编为"漫漫经典情"系列（《哲学卷：觉知，觉醒》《自然卷：安然，安在》《艺术卷：美轮，美奂》《文学卷：且行，且歌》），如此迄今为止我个人出版的读书随笔集就有十册了。那是时间的见证、美好的回忆，也是生命的副本。与书本感应、共鸣和探讨激辩的无数个刹那，唤起了自我内在生命的真实回响。我们是在读书，也是在读我们自己。我们走了很远，我们又始终不曾离开。

我所读的这些书籍，有些被称作经典，也有一些存在争议，但开卷有益，对我而言，这些作品或多或少都洋溢着经典的精神与气息。经典通常是经过了时间淘洗的传世之作，而眼下浩瀚的典籍中亦不乏经典，美好的事物都带着经典的气质。文学评论家吴义勤先生倡导"中国当代文学经典化"，他在接受《中华读书报》采访时指出，经典的产生要等待历史的淘洗，这个命题很可怀疑，由此他号召当代文艺理论家要在经典的发现和创造方面有所作为。我对这号召拳拳服膺，却自知浅陋，不可能为这伟业有什么贡献。然而作为一个阅读者，把自己读过、喜欢、有所心得的书籍列出来，和大家分享，或许会在我们呼唤经典的进程中发些微光吧？歌德在其《谈话录》中谈及阅读，并不一味地迷信经典，而是强调经典气质的同等重要。在他看来，无论你读的是什么，关键是你吸取了什么，那里面"有什么光能照亮你"。作为一名嗜书的读者，我自然也有自己心目中的经典，它超越了时间、时代、国度，以超然的视角、眼光、格局关怀着人类的命运，表达着独特的洞见，承载着世间的真善美，给人以深刻的启迪、无尽的思索，或以悲悯、素朴的情怀与情感，发现并捕捉着平凡之中的伟大与不平凡，播撒人性的光辉，呈现耀眼的光泽与质地，给人以恒久的信心、温暖和希望。"漫漫经典情"丛书致敬经典，在读物的选取上不存偏见，所选不仅有中外优秀古籍，还有现当代上乘之作，从大量作品中尽力采集光亮，吸收善美，照亮自我乃至他人的心灵，让世界更明净，让灵魂更清澈，让光和美永存人间。

阅读需要契机，时光需要浸润，这四本集子的诞生也非一日促成。机缘的巧合，时光的砥砺，生命的融入，满怀的真情与真意，伴随着读与写的从容光阴散布于生活的每一天。文学、艺术、哲学、自然，我热衷并亲近的四个领域。在书稿结集之时，相关作品自然而然地归为四个集子。

《哲学卷：觉知，觉醒》以人生、哲学思考为主题和主线，通过对老子、庄子、列子、孔子、爱比克泰德、马可·奥勒留·安东尼、西塞罗、苏格拉底、柏拉图、叔本华、列夫·托尔斯泰等中外哲学大家、思想家和优秀典籍的解读与对话，探究生命的本质，追索生命的意义，关注爱、幸福、欢乐以及生死等人生哲学问题，试图呈现不同时代、不同国度、不同民族、不同个体的哲学观念、哲学视角、人生智慧和人生角度，同时加入自身思考与体悟，探索深邃宽广的哲学世界。

《自然卷：安然，安在》以自然、生命、自我为主题和主线，通过对爱默生、梭罗、让-雅克·卢梭、亨利·贝斯顿、费伦茨·马特、玛丽·奥斯汀、玛丽·拉塞尔·米特福德、奥尔森、彼得·梅尔、乔治·吉辛、杰米娅·勒克莱齐奥、J.M.G.勒克莱齐奥、纪德、高更、赵园、鲍尔吉·原野等中外知名作家、学者、艺术家散文经典的欣赏与领略，表达对于自然、生命、自我的思考，探究人生、生命真谛，传递文化、人文之美。

《艺术卷：美轮，美奂》以艺术为主题和主线，聚焦美术、音乐、戏剧、展览等重要艺术领域的辉煌成果和优秀典籍，通过对罗曼·罗兰、罗斯金、丹纳、朱光潜、黄永玉、吴藕汀、

哲学卷：觉知，觉醒

蒋勋等中外知名作家、艺术家散文经典的阅读与赏析，领略米开朗基罗、梵·高、莫奈、德加、达·芬奇、贝多芬、杜尚、达利，以及张大千、潘天寿、刘海粟、徐悲鸿、齐白石等中外艺术大师的艺术思想和艺术造诣，认识、欣赏世界优秀文化的珍贵遗存，感受丰富瑰丽的艺术魅力。

《文学卷：且行，且歌》以文学为主题和主线，通过对沈从文、汪曾祺、陈建功、王安忆、冯骥才、张炜、陈丹燕、赵园、木心、罗曼·罗兰、劳伦斯、尼采、大江健三郎、村上春树等中外知名作家、学者散文经典的感知与感悟，沉浸于文学的纯美境界。

书香溢远，经典常新。这些日复一日随手记下的心得和笔记原本是用于自己学习的，在采撷光亮、萃取精华的过程中，它潜移默化地影响我感染我滋养我，使我时时地感到生命的更新和自身的成长。今天，有机会将自己的"独家收藏"拿出来，与更多的朋友交流与分享，体验阅读之美、成长之乐，于我是一件愉快的事。开卷有益。愿您和我一样，在打开书本的刹那，或多或少能够从中受益。

陈艳敏

目 录

第一辑 虚空，无为

> 有一种灵魂本在故乡，因不曾离开而无须寻找和回归。

文质彬彬，然后君子
　　——读《大学·中庸·论语》 / 3
拂去喧嚣，悠然自处
　　——读《老子》 / 10
虚空无为，逍遥自在
　　——读《庄子》 / 16
顺应本性，无为而为
　　——读《列子译注》 / 24
吾道自足，旁事何求
　　——读朱熹、吕祖谦《近思录》 / 33
虚空淡泊，率性真纯
　　——读洪应明《菜根谭》 / 41
用心灵的视角寻找
　　——读刘再复《世界游思》 / 50
有一种灵魂本在故乡
　　——读周国平《朝圣的心路》 / 54

喃喃的絮语
　　——读周国平《街头的自语》/ 59
站在哲学的高度
　　——读周国平《经典的理由》/ 65
让光和美照耀人类前行
　　——读顾城《顾城哲思录》/ 69
冯友兰，源自东方的观照
　　——读冯友兰《中国哲学史》/ 75

第二辑　觉知，觉醒

　　将自身放置于天地万物之间，只不过一滴水珠，一粒微尘，世界上的很多事情本无足轻重，大自然的和谐永在。我们只须在一滴水珠里，照见纯净的底色，现出清澈的模样，在一粒微尘里，开出绚烂的花朵，放出璀璨的光华。顺应四时，悦纳所有。

化为天空，得千万只眼睛看着你
　　——读柏拉图《柏拉图对话录》/ 81
西方的视角
　　——读依迪丝·汉密尔顿《希腊精神》/ 86
罗马，一座沧桑的城
　　——读依迪丝·汉密尔顿《罗马精神》/ 92

目　录

万方俱在，万方俱亮
　　——读塞内加《论生命之短暂》/ 99
顺应四时，悦纳所有
　　——读马可·奥勒留·安东尼《沉思录》/ 104
获取内在的精神自由
　　——读爱比克泰德《沉思录Ⅱ》/ 112
这船，在故乡的港口靠岸
　　——读西塞罗《沉思录Ⅲ》/ 122
依照本性，特立独行
　　——读叔本华《人生智慧录》/ 128
从美学到哲学
　　——读叔本华《叔本华美学随笔》/ 139
叩门吧，人家会来开启
　　——读莫罗阿《人生五大问题》/ 152
信仰照亮人生
　　——读列夫·托尔斯泰《忏悔录》/ 160
抛开经验，只如初见
　　——读克里希那穆提《最初和最终的自由》/ 170
觉知，觉醒
　　——读阿玛斯《阿玛斯开悟自传》/ 174
探寻艺术的本质
　　——读丹纳《艺术哲学》/ 180
跨越千年的追索
　　——读伯特兰·罗素《西方的智慧》/ 195

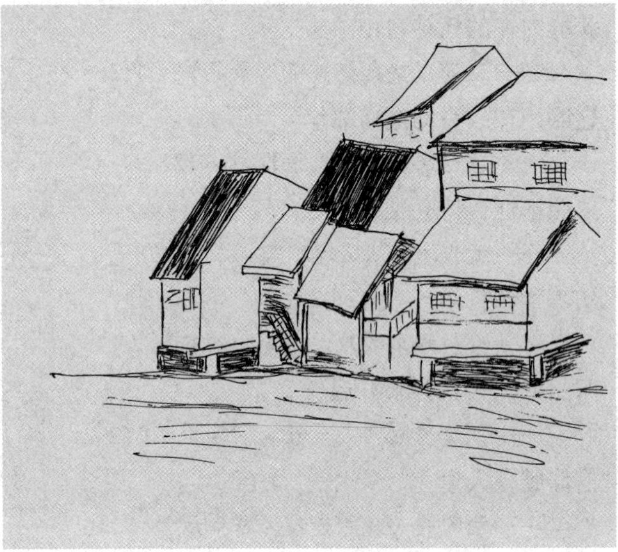

第一辑 虚空，无为

有一种灵魂本在故乡，因不曾离开而无须寻找和回归。

文质彬彬，然后君子
——读《大学·中庸·论语》

　　读了一些现当代人的文字之后，该将目光转向深远，回来读读国学经典了。在灵光寺的书店里，适时邂逅了这个袖珍本的《大学·中庸·论语》，一口气读完。古圣人的文字不多，言简意赅，但句句深刻、隽永，平心静气之中透着浑然的大智大慧和大德，给人以深刻的教育和启示。

　　《大学》和《中庸》原是《礼记》中的两个篇章，相传分别为孔子的学生曾参、孔子之孙子思所著，是儒家经典论述修身的篇章，也是中国古代阐释道德文化教育理论的重要著作。南宋时，朱熹将其从《礼记》中抽取出来，与《论语》《孟子》并称"四书"，作《四书章句集注》，由此《大学》和《中庸》成为家喻户晓的儒家经典著作。

　　我捧读此书的目的是汲取营养，颐养道德，修养身心，而非研究、评论或做学问，所以仅将触动心灵的句子摘录于此，给予自己一些警醒、鞭策和勉励。无论中外，古圣贤都十分注重道德修养，探寻大道、人生及自然规律，甚至不惜为之付出生命的代价，如孔子所言"朝闻道，夕死可矣"。《大学》开宗明义，"大学之道，在明明德，在亲民，在止于至善。知止而后有定，定而后能静，静而后能安，安而后能虑，虑而后能得。物有本末，事有终始，知所先后，则近道矣"。接着以正反两种不同的逻辑，详细论述了格物、修身、齐家、治国、平天下的理念："古之欲明明德于天下者，先治其国；欲治其国者，先齐其家；欲齐其家者，先修其身；欲修其身者，先正其心；欲正其心者，先诚其意；欲诚其意者，先致其知；致知在格物。物格而后知至，知至而后意诚，意诚而后心正，心正而后身修，身修而后家齐，家齐而后国治，国治而后天下平。"以此为核心，分别论述了"君子必慎其独""君子必诚其意""君子无所不用其极"等思想，鼓励人们克己复礼，修德向善。谈到修身以正其心，说："心不在焉，视而不见，听而不闻，食而不知其味。此谓修身在正其心。"谈到"君子慎乎德"，说："有德此有人，有人此有土，有土此有财，有财此有用。德者，本也；财者，末也。"告诫世人不要利欲熏心，丧失道德，本末倒置，"君子有大道，必忠信以得之，骄泰以失之"，"仁者以财发身，不仁者以身发财"。对今人也有教育意义。

《中庸》通过讲解"中庸""中和"的深刻内涵，阐述道与人的密切关系，"天命之谓性，率性之谓道，修道之谓教。道也者，不可须臾离也，可离非道也"，继而阐释人尽其性，物尽其性，天人合一的思想，"唯天下至诚，为能尽其性；能尽其性，则能尽人之性；能尽人之性，则能尽物之性；能尽物之性，则可以赞天地之化育；可以赞天地之化育，则可以与天地参矣"。其中的关键在至诚，"诚者，天之道也。诚之者，人之道也。诚者不勉而中，不思而得，从容中道，圣人也"，"唯天下至诚为能化"，"至诚如神"，"诚者自成也，而道自道也"，"故至诚无息，不息则久，久则徵，徵则悠远，悠远则博厚，博厚则高明，博厚，所以载物也；高明，所以覆物也；悠远，所以成物也。博厚配地，高明配天，悠远无疆。如此者，不见而章，不动而变，无为而成"，"唯天下至诚，为能经纶天下之大经，立天下之大本，知天地之化育"。讲得深刻而富有哲理，此点不可不记。而天地之道，也可用一句话概括，"天地之道，可一言而尽也"，"天地之道，博也，厚也，高也，明也，悠也，久也"。境界高远，读来优美而耐人寻味。它讲中和的理念："喜怒哀乐之未发，谓之中，发而皆中节，谓之和。中也者，天下之大本也；和也者，天下之达道也。至中和，天地位焉，万物育焉。"同时又显示了博大的胸襟和视野，"万物并育而不相害，道并行而不相悖，小德川流，大德敦化，此天地之所以为大也"。它还阐述了谦卑自处、不怨天不尤人等为人处世之道，"在上位不陵下，在下位不援上，正己而不求于人，则无怨。上不怨天，下不尤人"，"君子之道，辟如行远必自迩，辟如登高必自卑"。阐述了何以"大德必得其位，必得其禄，必得其名，必得其寿"。早些年少不经事，对中庸之道的理解很有偏颇，想当然地以为那是不温不火、软弱暧昧"和稀泥"的哲学，今读古卷，认识已全然不同。"君子依乎中庸，遁世不见知而不悔，唯圣者能之。"似乎已能理解君子遵循不偏不倚的中庸之道，即使毕生默默无闻不为别人所知也不后悔的心态和境界。《中庸》"君子必慎其独"等思想，则与《大学》《论语》一脉相承，取其精华，必受裨益。

读及《论语》，我觉得最富美感的还是孔子和学生及时人对话的氛围，随机随性，宽松民主，自然而然，寓教于普通的日常生活和言谈举止之中，而这普通、随意，使一切显得质朴纯真，没有过多的伪饰和装潢，没有刻意的字雕和句琢，亦没有丝毫的矫情与做作。与苏格拉底在市场，在树下，在溪边，在草坪同门徒、街坊对话的情景有些相似，其智慧道德就藏在胸中，不假思索，却源源不断，随取随有。孔子说："我非生而知之者，好古，敏以求之者也。"苏格拉底则自感受神谕指引，幸运的是两位哲人，都得其弟子有心，将其智慧的语言、思想记录下来，方得以流传百世，惠及后人。无论孔子门人记录的《论语》，还是柏拉图记录苏格拉底言行的《柏拉图对话录》，都显示了对仁义道德的高尚追求，为世人赞佩景仰，这也是其历经千年而不衰，为后世恒久称道的原因所在。

诸如"君子欲讷于言而敏于行""见贤思齐""三人行，必有我师焉""己所不欲，勿施于人""人无远虑，必有近忧""三十而立，四十而不惑，五十而知天命，六十而耳顺，七十而从心所欲，不踰矩""未知生，焉知死"，等等。《论语》

所阐述的许多思想和道理早已耳熟能详,许多成了人们的座右铭。现在,再读《论语》,让我们进一步深入其中,领会孔子的教诲,以君子自处、自勉。子曰:"君子不忧不惧。""君子成人之美,不成人之恶。""君子和而不同,小人同而不和。""君子泰而不骄,小人骄而不泰。""君子求诸己,小人求诸人。""君子矜而不争,群而不党。""知者乐水,仁者乐山;知者动,仁者静;知者乐,仁者寿。""知者不失人,亦不失言。""志于道,据于德,依于仁,游于艺。""博学于文,约之以礼。""过而不改,是谓过矣。""欲速,而不达;见小利,则大事不成。""巧言乱德,小不忍则乱大谋。""道不同,不相为谋。"

"君子惠而不费,劳而不怨,欲而不贪,泰而不骄,威而不猛。"是谓"五美"。子绝四:"毋意,毋必,毋固,毋我。"君子另有三戒:少年戒色,壮年戒斗,老年戒得。这些智者之语,对于我们修身做人均有助益。

在文中,我还特别敏感于孔子对"文"的阐释,"文"是什么?身为一介文人,不可不记,子曰:"敏而好学,不耻下问,是以谓之'文'也。"继而他又教诲说:"质胜文则野,文胜质则史。文质彬彬,然后君子。"谈及斯文,令我想起前年在大同古城的文庙,看到学堂的牌匾上书有"斯文在兹",顿生好感,刹那间感到自己与这气场如此接近,心头似掠过一阵春风,温暖温润,自如自在。而读到他的"君子坦荡荡,小人长戚戚",我则欣喜地想起自己曾刻有一枚闲章,上面题刻的就是"君子坦荡荡"这五个字，在题刻的瞬间，亦感欢喜由衷，因为那也是我向往的境界和平常的状态啊。也许正是基于这内在的相通，近来读圣人古籍，颇感愉悦。

《论语》也是一本教育典籍，记述了孔子的教育思想、教学方法，并再现了许多鲜活的施教场景。遵从"有教无类"的教育理念，主张因材施教的孔子对其弟子脾气秉性、品德才学亦是了如指掌："德行：颜渊，闵子骞，冉伯牛，仲弓。言语：宰我，子贡。政事：冉有，季路。文学：子游，子夏。""贤哉回也！一箪食，一瓢饮，在陋巷。人不堪其忧，回也不改其乐。"在强调温故知新、不耻下问、勤勉好学的同时，孔子亦看到天资禀赋的差异："生而知之者，上也；学而知之者，次也；困而学之，又其次也；困而不学，民斯为下矣。"他针对不同情况分析道德缺陷，如："好仁不好学，其蔽也愚；好直不好学，其蔽也绞；好刚不好学，其蔽也狂。"等等这些，都是值得我们警醒的。

《论语》对孝道、美食等亦有详细阐述。"父母在，不远游，游必有方。""事父母几谏：见志不从，又敬而不违，劳而不怨。""三年无改于父之道，可谓孝矣。"是为人子女者一日不可懈怠的。而到了孔府，见其展室中陈列的颇为讲究的餐具器皿，便能领略《论语》中孔子所谓"食不厌精，脍不厌细"了，他对于饮食起居和健康原本亦极为注重，而这也是智慧之一种。

《大学》《中庸》《论语》亦不时引用古语，重视古理和传统，尤其对《诗经》推崇有加，比如《大学》引用《诗经》的"如切如磋，如琢如磨"，并加以解释："如切如磋者，道学也；也琢如磨者，自修也。"《中庸》引用《诗经》的"既明且哲，以保其身"，以印证其"君子尊德性而道问学，致广大而尽精微，极高明而道中庸"。在《论语》中，孔子亦对《诗经》给予很高评价，说"《诗》三百，一言以蔽之，曰：'思无邪'"，评价其开篇的《关雎》，为"乐而不淫，哀而不伤"，非常中肯到位。孔子同时研读《易经》等古籍并加以思考、应用，认为"《诗》《书》、执礼，皆雅言也"，"五十以学《易》，可以无大过矣"。

  书中蕴含的深刻智慧和哲理，无法一一赘述。此袖珍本并无注解，读后未解之处，有待未来结合人生经验进一步深入领会。

（《大学·中庸·论语》，熊春锦校勘，国际文化出版公司，2007年12月第1版，2012年2月第5次印刷）

2016年3月29日

哲学卷：觉知，觉醒

拂去喧嚣，悠然自处
——读《老子》

读书是需要机缘的，比如《老子》这部古籍，我已买了几次。一二十年前遇到，有读的冲动就曾买下，但翻了翻未读进去。中间遇到又曾买过，也未能读进去，一搁就是很多年。前不久在刘再复的《世界游思》里又遇见老子，感觉很有共鸣，这才意识到：我是不是也该读读《老子》了？这才从书架上抽出这本《老子》，直至愉快地读完，心灵上获得了极大的满足。

相对于复杂、浮躁、千头万绪的现代社会，古人总是有着更为沉静的心灵，无论是老子、庄子、孔子等中国的古圣人，还是前不久读到的心静如水的古罗马帝王马可·奥勒留·安东尼、哲人塞内加，都有着现代人无法企及的思想高度和灵魂深度，他们有一个共同特点，那就是站在思想的源头或原点，观照生命自然。老子呼唤复归于婴儿，塞内加警示世人要"简单再简单"，马可·奥勒留·安东尼告诫自己，"不要扰乱你自己，要使你十分单纯"，"全然不要谈论一个高尚的人应当具有的品质，而是要成为那样的人"。两千多年前的警示和古训里，隐藏着许多深刻的智慧——深刻，但并非深奥，是"复归于婴儿"的素朴与单纯，是"简单再简单"的明晰与清澈，是"成为那样的人"的至境。这个世界有着太多嘈杂的声音，弄不好会扰乱我们的思绪和心境。从太过喧嚣的环境中抽身出来，读读老子，读读《道德经》，读读古圣哲的隽永之语，你的心情或会更加平静笃定。

"上善若水""大象无形""祸兮福之所倚，福兮祸之所伏。""千里之行，始于足下"等等这些《老子》中的哲语，人们早已耳熟能详，成为日常的鞭策或警示，而细读《老子》，更多的智慧和哲思奔涌而来，以亘古的情怀撞击着心灵，带着时间的力量，引发内在深入的思考。

《老子》告诉我们无私即能长久的道理，"天地所以能长且久者，以其不自生，故能长生"，"圣人后其身而身先，外其身而身存"。圣人之所以能占先、自保，全仰赖于其主动的谦退居后和置身度外，"江海所以能为百谷王者，以其善下之，故能为百谷王。是以圣人处上而民不重，处前而民不害。是以天下乐推而不厌。以其不争，故天下莫能与之争"。他告诉我们不可自我炫耀，不可居功自傲，"自见者不明，自伐者无功，自矜者不长"，"圣人自知而不自见，自爱而不自贵"，"圣人为而不恃，功成而不处，其不欲见贤"。仔细想想，颇有道理，一个怀有谦卑之心的人，往往更能得到他人尊重，一个将自己放得越低的人，越易得到别人景仰。他同时还告诉我们一些人生经验，如"信言不美，美言不信。善者不辩，辩者不善。知者不博，博者不知"，都很受用。读读《老子》，能够使我们更悠然地自处。

老子告诉我们大小、先后、进退、高低、盈亏之中蕴含的辩证法和大道理，警示人们为人处世不可过满，亦不可锋芒毕露，"持而盈之，不如其已；揣而锐之，不可长保"。太过盈满和锋利，都不可长久，"大成若缺，其用不敝。大盈若冲，其用不穷。大直若屈，大巧若拙，大辩若讷"。站在低洼处，反而更有所得，更易圆满，少贪才易多得，贪多反而迷惑，不争所以无敌，所谓"洼则满，敝则新，少则多，多则惑"。因此要"见素抱朴，少私寡欲"。不争强好胜，甘居低处，固守美德，是为自足的常态，"知其雄，守其雌，为天下豁。为天下豁，常德不离，复归于婴儿"。不狂妄自大，自视其高，懂得"圣人终不为大，故能成其大"，"天下之至柔，驰骋天下之至坚"。光明的道路貌似暗昧，前进的道路貌似后退，平坦的道路好像尽是坑洼，"明道若昧，进道若退，夷道若类"。而"金玉满堂，莫之能守；富贵而骄，自遗其咎。功遂身退，天之道也"，讲的则是功成名退、适可而止的智慧，"知足不辱，知止不殆，可以长久"。历史上不乏因不知退隐和满足而招致祸端、无畏牺牲的案例，很多发生在老子之后，老子在两千年前就已看得清楚，如他自己所说："不出户，知天下；不窥牖，见天道。圣人不行而知，不见而名，不为而成。"这是凝思冥想的所得吗？

老子告诉我们一些道德修养的准则，如抱朴守拙，勿贪得无厌，"圣人去甚，去奢，去泰"。是的，我们真正需要的并不多，外在的形式可以简而又简，"大丈夫处其厚，不居其薄；处其实，不居其华"。他主张刚正内敛，但不走极端，"圣人方而不割，廉而不刿，直而不肆，光而不耀"。同时以宽广的道德心怀要求自己，"善者，吾善之；不善者，吾亦善之；信者，吾信之；不信者，吾亦信之"，"含德之厚，比于赤子"，回归婴孩的纯真质朴状态，慈、俭、不敢为天下先是老子的人生三宝。

老子还告诉我们："圣人行无为之事，行不言之教。"主张无为，无为而无不为。"为者败之，执者失之。是以圣人无为，故无败；无执，故无失。"不争强好胜、敢为天下先，要看到"勇于敢则杀，勇于不敢则活"，"强者死之徒，柔弱者生之徒"。强大处下，柔弱处上，以退为进，以弱制强。"天之道，不争而善胜，不言而善应，不召而自来，繟然而善谋。"学习知识要日有所增，体认道行，则是日渐减损，损而又损，直至无为，"为学日增，为道日损。损之又损，以至于无为"。他还主张"致虚极，守静笃"，复归本性和心灵的宁静，"夫物芸芸，各复归其根。归根曰静，是谓复命。复命曰常，知常曰明。不知常，妄作，凶"。合于自然，就合于道，合于道就能长久，"人法地，地法天，天法道，道法自然"，达到任其自然的生命境界。

"道可道,非常道。"老子在卷首开篇讲"道",贯穿始终,"万物莫不尊道而贵德"。而人们的道行不同,际遇有异,"上士闻道,勤而行之;中士闻道,若存若亡;下士闻道,大笑之"。圣人也并非常有知音,"知我者希,则我者贵。是以圣人被褐怀玉"。而道从何来?万物如何生成?追根溯源,"天下万物生于有,有生于无","道生一,一生二,二生三,三生万物。万物负阴而抱阳,冲气以为和"。他说"天地不仁,以万物为刍狗",又说"天道无亲,常与善人",强调的还是大道和德性。

刘再复在《世界游思》里批判法国凯旋门"以胜为美"的骄狂心态,引用的就是老子"胜而不美""以葬礼处之"的古训,《老子》通篇有很多章节论及战事,采取的都是低调的态度,在他看来,"兵者不祥之器,非君子之器。不得已而用之,恬淡为上,胜而不美……杀人之众,以哀悲之;战胜,以丧礼处之","师之所处,荆棘生焉。大军之后,必有凶年"。无论胜负,战争都是杀人之事,不可大肆庆祝、宣扬、忘乎所以,"果而勿矜,果而勿伐,果而勿骄。果而不得已,果而勿强"。而交战之时,宜守不宜攻,"用兵有言:'吾不敢为主,而为客;不也进寸,而退尺'",即使短兵相接,亦是慈悲者胜,"抗兵相加,哀者胜矣",背道而驰,将致灭亡。

老子还讲了许多为政的道理,如"其政闷闷,其民淳淳;其政察察,其民缺缺"。凡政治宽松的地方,那里的人民就淳朴;凡政治严苛的地方,那里的人民就狡诈。再如"治大国,若烹小鲜",“大国以下小国,则取小国;小国以下大国,则取大国",等等,极富哲理。

  书不厚,但内涵颇丰,需认真消化,学以致用。合上书本之时,也让我陡然想起,父亲早在20年前就将他读到的古人经典词句精心集纳,抄写并复印成四本"圣人语录",发给我和姐姐弟弟妹妹每人一本,以期我们仔细研读,领会其中精要而从中受益。节假日相聚,父亲还常不忘提醒"'圣人语录'别老锁在抽屉里",但多数时候还是被我们当作了耳旁风。我的那本至今还锁在抽屉里,我想,也是时候拿出来认真读读了。

  (《老子》,李存山注译,中州古籍出版社,2008年1月第2版,11月第2次印刷)

2016 年 3 月 15 日

虚空无为，逍遥自在
——读《庄子》

《老子》《庄子》，大概是与心性最契合的两本古书了。相对于读过的其他经典，两位是那么超脱，超然，与大自然联结、融入，天人合一，物我两忘，由此抵达开阔辽远、澄明虚空、不染尘埃的境界，获得身心的无限自由，还有比这更美妙的么？

"北冥有鱼，其名为鲲。鲲之大，不知其几千里也。化而为鸟，其名为鹏。鹏之背，不知其几千里也。怒而飞，其翼若垂天之云。是鸟也，海运则将徙于南冥。南冥者，天池也。"开篇《逍遥游》，气象阔大，耳熟能详，奠定了《庄子》的总基调，亦寄托了庄子的终极理想，非蜩与学鸠所能理解。

庄子继承、发展了老子。相对于孔子的入世，老子和庄子出世、无为的境界显然更超离，更超拔，其藐视万物、了无挂碍的气度心胸亦更具人生智慧。"天地与我并生，而万物与我为一。""寂漠无形，变化无常，死与？生与？天地并与？

第一辑　虚空，无为

神明往与？芒乎何之？忽乎何适？万物毕罗，莫足以归。""若夫乘天地之正，而御六气之辩，以游无穷者，彼且恶乎待哉！故曰：至人无己，神人无功，圣人无名。"如果能把握天地的本性，顺从六气的变化，畅游于无穷的世界，还有什么必须依赖的东西呢？所以，至人无一己私念，神人无功业束缚，圣人无名声牵挂。这和两千多年前的古罗马帝王哲学家马可·奥勒留·安东尼淡泊、超脱的思想也有契合。而境界有时真的就是自然天成的，孔子或可称聪明博学，但老子和庄子却仿佛渗透了智慧和天赋。后天习得与天赋天成，有着难以逾越的距离。况且很多时候、有些东西，后天根本无法习得，这就是印度哲学家奥修说的：要么你明白，要么你不明白，无法翻译，无法学习。"道隐于小成，言隐于荣华，故有儒墨之是非。"由圣人而神人而至人，大概亦有不小的距离。此所谓："道可得学邪？""恶，恶可！子非其人也。"有人说：书画亦可入道。不错，但入道者何止书画，可谓处处有玄机，时时可入道。如印度哲学家奥修所说：一切就在，哪也不要去。在其中，便不需借助和寻找。

关于天人、神人、至人、圣人、君子，《天下》说："不离于宗，谓之天人；不离于精，谓之神人；不离于真，谓之至人。以天为宗，以德为本，以道为门，兆于变化，谓之圣人；以仁为恩，以义为理，以礼为行，以乐为和，薰然慈仁，谓之君子。"

总体而言，庄子扬弃了儒家的一些学说，他通过孔子具体的言行场景，现身说法，道出了一些超越儒家智慧的认识。如其遇到子桑户、孟子反、子琴张而慨叹曰：彼游方之外者也，而丘游方之内者也。内外不相及。彼方且与造物者为人，而游乎天地之一气。是的，两个不同的哲学体系，有着不好跨越的天然隔阂。"礼者，世俗之所为也；真者，所以受于天也，自然不可易也。"在《胠箧》一文中，庄子更是直截了当地对所谓的圣人之道给予了批评，"彼窃钩者诛，窃国者为诸侯。诸侯之门而仁义存焉，则是非窃仁义圣知邪？故逐于大盗，揭诸侯，窃仁义并斗斛权衡符玺之利者，虽有轩冕之赏弗能劝，斧钺之威弗能禁。此重利盗跖而使不可禁者，是乃圣人之过也"。在《在宥》一文中，亦将"天下好知，而百姓求竭矣"归罪为圣人扰乱了人心。天下追逐智巧，百姓疲于应付，君主只能用礼法制裁加以应对，在他看来并非上策。"举贤则民相轧，任知则民相盗。之数物者，不足以厚民。"他甚至预测到千年之后"人与人相食"之景象："大乱之本，必生于尧、舜之间，其末存乎千世之后。千世之后，其必有人与人相食者也"，不禁让人联想起当今社会竞争之惨烈。

当然，任何的思想学说，都可能有交汇点，庄子亦常借孔子之言表达自己的观点，曰："无听之以耳，而听之以心；无听之以心，而听之以气。听止于耳，心止于符。气者也，虚而待物者也。唯道集虚。虚者，心斋也。""绝迹易，无行地难。为人使易以伪，为天使难以伪。闻以有翼飞者矣，未闻以无翼飞者也；闻以有知知者矣，未闻以无知知者也。"因此要

第一辑 虚空，无为

"徇耳目内通，而外于心知"。返听内视，祛除外在心机，庄子从颜回的"堕肢体，黜聪明，离形去知，同于大通"认识中引申了万物混沌无分别的思想以及"同乎无知，其德不离；同乎无欲，是谓素朴"，"堕尔形体，吐尔聪明，伦与物忘，大同乎涬溟"，去智去巧、复归本性的思想。

庄子在《德充符》中记录孔子欲追随的断脚人王骀，王骀是什么人呢？"死生亦大矣，而不得与之变；虽天地覆坠，亦将不与之遗；审乎无假而不与物迁，命物之化而守其宗也。"恒信笃定之人。"自其同者视之，万物皆一也。夫若然者，且不知耳目之所宜，而游乎德之和。物，视其所一而不见其所丧，视丧其足犹遗土也。"超然通达之人。另录有奇丑无比而众人亲之的哀骀它，哀骀它是什么人呢？他被孔子称为"是必才全而德不形者也"，何谓才全？何谓德不形？"使之和豫，通而不失于兑，使日夜无隙而与物为春，是接而生时于心者也。是之谓才全。""德者，成和之修也。德不形者，物不能离也。"道德上有所建树，身体上的缺陷反而使人遗忘了。"德有所长而形有所忘。人不忘其所忘，而忘其所不忘，此谓诚忘。故圣人有所游，而知为孽，约为胶，德为接，工为商。圣人不谋，恶用知？不斫，恶用胶？无丧，恶用德？不货，恶用商？四者，天鬻也。天鬻者，天食也。既受食于天，又恶用人！"又回到逍遥游的虚空无为境界。

在《大宗师》中，他探讨"真人"，何谓真人？"古之真人，不逆寡，不雄成，不谟士。若然者，过而弗悔，当而不自得也。"不违逆微少，不自恃成功，不谋虑事情，错过时机不后悔，正当时机不自得。"古之真人，其寝不梦，其觉无忧，其食不甘，其息深深。""古之真人，不知说生，不知恶死。其出不䜣，其入不距。翛然而往，翛然而来而已矣。不忘其所始，不求其所终。受而喜之，忘而复之。是之谓不以心捐道，不以人助天，是之谓真人。若然者，其心忘，其容寂，其颡頯。凄然似秋，暖然似春，喜怒通四时，与物有宜而莫知其极……利泽施乎万世，不为爱人。故乐通物，非圣人也；有亲，非仁也；天时，非贤也；利害不通，非君子也；行名失己，非士也；亡身不真，非役人也。"真人顺天道，认天命，其自然秉性或天性，不为自己所知、所察、所以为然，陶然忘我，忘道，忘机；无我，无道，无机，"崔崔乎其不得已也"。真人的境界浑然大同，"故其好之也一，其弗好之也一。其一也一，其不一也一。其一与天为徒，其不一与人为徒，天与人不相胜也，是之谓真人"，"一而不党，命曰天放"，万物混沌无分别，而真人逍遥四方，无疆无域，无挂无碍。

庄子崇尚追随大道，那么何谓大道？道从何来？"凡物无成与毁，复通为一，唯达者知通为一。已而不知其然，谓之道。"其"长于上古而不为老，覆载天地、刻雕众形而不为朽"。他借女偊的口说：道从本源而来。一语道破天机，读来甚是欢喜。懂者即懂，毋须多言。以圣人之道点拨圣人之才，三日外天下，七日外物，九日外生死。"已外生矣，而后能朝彻；朝彻，而后能见独；见独，而后能无古今；无古今，而后能入于不死不生。"在《天地》一文中，庄子说："夫道，覆载万物者也，洋洋乎大哉！君子不可以不刳心焉。无为为之之谓天，无为言之之谓德，爱人利物之谓仁，不同同之之谓大，行不崖异之谓宽，有万不同之谓富。故执德之谓纪，德成之谓立，循于道之谓备，不以物挫志之谓完……万物一府，死生同状。"有天道，还要有天德，何为天德？"非其志不之，非其心不为。虽以天下誉之，得其所谓，謷然不顾；以天下非之，失其所谓，傥然不受。天下这非誉，无益损焉，是谓全德之人哉！"完全随心随性。

庄子主张无为，排斥仁义，那么何为无为？"尽其所受乎天而无见得，亦虚而已！"尽享自然所赋予的本性而不自现人为的所得，即为虚寂无为的心境。一言以蔽之，无为就是合天德，尽其性，"彼至正者，不失其性命之情……长者不为有余，短者不为不足，性长非所断，性短非所续，无所去忧也"。悦纳天然，坦然处之。"天下诱然皆生，而不知其所以生；同焉皆得，而不知其所以得。"一切都是自然而然。"且夫得者，时也；失者，顺也。安时而处顺，哀乐不能入也。"以平常心看待得失，内心永葆和谐。"无为则俞俞。俞俞者，忧患不能处，年寿长矣。""至人之用心若镜，不将不迎，应而不藏，故能胜物而不伤。"而仁义者因不合乎性命之情而多忧多虑。"无为也而尊，朴素而天下莫能与之争美。"由个体而及社会，"闻在宥天下，不闻治天下也。在之也者，恐天下之淫其性也；宥之也者，恐天下之迁其德也"，天下不治而治。"故君子不得已而临莅天下，莫若无为。"总而言之，"夫明白于天地之德者，此之谓大本大宗，与天和者也。所以均调天下，与人和者也。与人和者，谓之人乐；与天和者，谓之天乐"。庄子曰："知天乐者，其生也天行，其死也物化。静而与阴同德，动而与阳同波……言以虚静，推于天地，通于万物。""不为福先，不为祸始。感而后应，迫而后动，不得已而后起。去知与故，循天之理。故无天灾，无物累，无人非，无鬼责。不思虑，不豫谋。光矣而不耀，信矣而不期。其寝不梦，其觉无忧。其生若浮，其死若休。其神纯粹，其魂不罢。虚无恬惔，乃合天德……故心不忧乐，德之至也；一而不变，静之至也；无所于忤，虚之至也；不与物交，惔之至也；无所于逆，粹之至也。"无为者祛除浮华，归于淳朴，如老子所言："为道者日损，损之又损之，以至于无为。无为而无不为也。"

归根结底，庄子全篇所说还是自由、超然的境界。得道之人广成子说："至道之精，窈窈冥冥；至道之极，昏昏默默。无视无听，抱神以静，形将自正。必静必清，无劳女形，无摇女精，乃可以长生。目无所见，耳无所闻，心无所知，女神将守形，形乃长生……天地有官，阴阳有藏。慎守女身，物将自壮。……故余将去女，入无穷之门，以游无极之野。吾与日月参光，吾与天地为常。当我缗乎，远我昏乎！人其尽死，而我独存乎！"

庄子还讲了许多辩证的道理，比如出众的才能可能招致意外的祸端，而"无用之材"反而获得了保全，他提到被人抛弃的硕大散木栎社树，因"无用"而获得了千年发展，"无所可用，故能若是之寿"。而山楂、橘子、梨树，果实熟了就要遭受击打，大枝被折断，小枝被扯下，"此以其能苦其生者"。更有一些树木，"未终其天年而中道之夭于斧斤，此材之患也"。所以，"神人以此不材"。"山木，自寇也；膏火，自煎也。桂可食，故伐之；漆可用，故割之。人皆知有用之用，而莫知无用之用也。"

　　特别要提及的是《秋水》一文，东明一中我的母校校长鲍大雪先生曾经撰写论文，论证庄子故里在我的故乡山东东明，其证据除来自东明庄寨村的庄子后裔及其保存的族谱、古迹，涉乎其生平的漆园故址、庄子观、庄子墓、南华山旧址及相关墓碑、石刻等，还有《秋水》中"庄子钓于濮水"，"秋水时至，百川灌河"以及监河侯的记载，"濮水"，即当今与东明相邻的濮阳，"河"，则为黄河。这一发现曾引起强烈反响，吸引国内外庄子的研究者们纷纷前来考察，并在东明漆园宾馆召开了国际研讨会。而前不久，我东明一中的语文老师刘清银先生和我们聊起他曾见到一古寺碑文，第一句赫然为：东明，庄子故里也。而每一个东明人，包括我在内，都认定东明是庄子的故里。既然如此，对于先人，我不是更应该好好研读领会吗？

　　（《庄子》，孙通海译注，中华书局，2016年1月第1版第1次印刷）

2016年4月19日

哲学卷：觉知，觉醒

顺应本性，无为而为
——读《列子译注》

时间，总是有着某种销蚀的力量，众多的优秀古籍，发扬光大的有之，散佚于世间的有之，永逝于历史烟尘中的有之，其中有着诸多的必然，亦有着诸多的偶然，正如《列子》一书的作者身世、篇章细节都已无法确切考证，然而，从这遗留下来的片断章节，依然能使我们窥见一缕思想的光芒。

《列子》的思路显然是从老庄承袭而来，以道家思想为依托，借助神话、寓言和历史故事讲述人生道理，进一步阐述和丰富淡泊明志、宁静致远、顺应大道、超脱超离、无为而为的道家思想。愚公移山、后羿射日等出自《列子》的寓言故事早已家喻户晓，而《列子》中的有些章节则是引自《庄子·知北游》《庄子·达生》《庄子·田子方》等篇章，个中缘由，难以猜度。当然，我们没有必要纠缠于历史谜团，重要的，依然是从现有的遗存中，我们能够汲取什么。

《列子》是以故事贯穿的，在故事中承袭、展现道家境界。

第一辑　虚空，无为

殚精竭虑、苦心操劳的黄帝为排除纷扰，修心养性，特闲居三月，三月间歌舞美味不断，然不解其乏，直至有一天做梦"神游"于华胥氏之国，"其国无师长，自然而已。不知乐生，不知恶死，故无夭殇；不知亲己，不知疏物，故无爱憎；不知背逆，不知向顺，故无利害"，"神行"于天地之间，"乘空如履实，寝虚若处床。云雾不硋其视，雷霆不乱其听，美恶不滑其心，山谷不踬其步"，醒后方知"至道不可以情求"。无所追求而合于道，顺应心性而合于天，大概就是随心所欲、顺其自然吧？"无乐无知，是真乐真知，故无所不乐，无所不知，无所不忧，无所不为。"

范氏之子子华门下的两个侠客宿于荒郊野外一老农商丘开的家里，夜半，二人谈论子华的名声与能量，说他能使活人死去，让该死的人活下来；使富人变穷，穷人变富。贫穷的商丘开偷听到了谈话，择日借干粮至子华家，遭受到门客的百般戏弄后，门客把他带上一高台，对着人群信口开河地说："谁敢跳下去，就赏其黄金百两。"商丘开信以为真，纵身跳下，却悠然自在，毫发无损，门客以为纯属偶然，又指着河湾的深水说：那水底有珠宝，你若下去就能捞到。商丘开又信以为真，跳进水里，轻松地捞出珠宝。见状，大家始感迷惑不解，将其留下。没过多久，范家仓库起火，子华说："谁敢跳进火里取出绸缎，取出多少我就赏他多少。"商丘开听了，毫不迟疑跳入火中，一连几个来回，火不上身。范家上下以为他有什么道术，虚心请教，不料商丘开说："吾亡道。虽吾之心，亦

哲学卷：觉知，觉醒

不知所以……吾诚之无二心，故不远而来。及来，以子党之言皆实也，唯恐诚之之不至，行之之不及，不知形体之所措，利害之所存也，心一而已。"这个故事强调专心、至诚的力量，所谓心诚则灵，至道无道，当专注而至化境，可以全然不察、浑然忘我矣。而当商丘开知道众人实际是在用诳语骗他时，再遇此类场景，便瞻前顾后，再无此能量了。所以列子说："夫至信之人，可以感物也。动天地，感鬼神，横六合，而无逆者，岂但履危险、入水火而已哉！"这和奥修所说"当你只能说不时，而你仍然不走"亦是相通的。笃信，至美。

有一日怀着美好心愿前往西山卧佛寺，可能是基于用火安全的考虑寺里不让烧香，但包括我在内的游人还是在佛像前执香祷告，佛前那一刻的凝注，那一刻的情感和心智就是专一、深挚、无他无我的，在此除了觉得庄严神圣，还有一种空明澄澈之感，那一刻的情感和心志，冥定专一，空灵邈远，在至真至诚处沟通着神界和人界，和是否信仰某种宗教似乎都没有关系了，那一刻的感觉，就是商丘开的"诚无二心"吗？

九方皋相马的故事，是说伯乐年老时，将九方皋举荐给秦穆公，秦穆公让九方皋为自己选一匹好马，九方皋选出后，当被问及马的颜色、公母时，却答不出，秦穆公大失所望，伯乐闻后却感惊讶：竟然到了这种程度吗？这才说明他要比我强出千万倍不止，"若皋之所观，天机也，得其精髓而忘其粗，在其内而忘其外；见其所见，不见其所不见；视其所视，而遗其所不视"。一个人的神智只有高度凝注才会得此境界吧？而

第一辑 虚空，无为

现实中，这样的例子也是存在的，一个在某一方面取得显赫成就的人，往往在另一些方面视而不见，"糟糕"至极。所谓"大智若愚"，不是真愚。"将治大者不治细，成大功者不成小"也是一样道理。

《列子》中类似的故事不止一则，其中一则摘自《庄子·达生》的故事，强调顺应本性，顺其自然，无为而自成。说孔子游于吕梁之时，见一人翩翩优游于飞瀑之间，以为有道，便上前请教，那人的回答和商丘子同出一辙："亡，吾无道。吾使故乎，长乎性，成乎命。与齐俱入中，与汩偕出，从水之道而不为私焉，此吾所以道之也。"又说："吾生于陵而安于陵，故也；长于水而安于水，性也；不知吾所以然而然，命也。"得道之人，或不知其已在道上，超绝之士，或不知其身之异能。像老聃的弟子亢仓子不用耳目即能视听，而他自己却说："乃不知我七孔四支之所觉，心腹六藏之所知，其自知而已矣。"天赐天赋，却浑然不觉。

列子将其师老商氏和其友伯高子的本领学到后乘风归家了，尹生听说后从列子居数月，反复求教而不告，乃告辞。数月后又来，列子向他讲述了其求教于老商氏的经历："自吾之事夫子友若人也，三年之后，心不敢念是非，口不敢言利害，始得天子一眄而已。五年之后，心庚念是非，口庚言利害，夫子始一解颜而笑。七年之后，从心之所念，庚无是非；从口之所言，庚无利害，夫子始一引吾并席而坐。九年之后，横心之所念，横口之所言，亦不知我之是非利害欤，亦不知彼之是非利害欤；亦不知夫子之为我师，若人之为我友，内外进矣。"告诉他只有达到是非、利害不存，从心所欲、物我两忘的境界，"火候"才真正地到了。客套拘谨，谨小慎微，瞻前顾后，均非自然本性。

他又通过解释"至人潜行不空，蹈火不热，行乎万物之上不慄"是由于"纯气之守"而非"智巧果敢之列"，说明本性保持不变，真气得到培养，德合于天地，便能与万物相通无碍，"壹其性，养其气，含其德，以通乎物之所造"，"夫至人者，上窥青天，下潜黄泉，挥斥八极，神气不变"，符合天道，顺其自然，"圣人藏于人，故物莫之能伤也"，认为物自违道，道不违物。善若道者，亦不用耳，亦不用目，亦不用力，亦不用心；欲若道而用视听形智以求之，弗当矣。"唯默而得之而性成之者得之。知而亡情，能而不为，真知真能也。"强调自然之道不是用眼、耳、体力能够求得的，道无远近，只有在不知不觉中切合事理、顺应事物本性的人才能得道。只有那种虽具心智却无情感，虽有能力却不愿意作为的人，才真正有心智、有能力。

"古之人损一毫利天下不与也，悉天下奉一身不取也。人人不损一毫，人人不利天下，天下治矣。"说古人既不会替天下人谋福利而损失自己一根毫毛，也不会攫取天下人的利益来供自己享受，只有人人都不牺牲自己的一丝一毫，人人也都不为天下的人谋利益，才能真正实现天下大治。这让我联想到大乘佛教的"利他"，先不说人类的本性之中是否存在纯粹的利他无我,先来一个假设,假设每一个个体小我都能够独善其身,成为一个圆满自足、丰盈欢喜的存在,那么是否就不需要再从他人那里获得了呢?如果人人都不需要再从别人那里索取和获得,那么"利他"是否也就失去了存在的基础和必要呢?在这个意义上,可不可以说自我完善、自利自足才是道德修持的首要根本呢?"人人不损一毫,人人不利天下",无为而为,是否亦有它深刻的道理呢?哪怕它只是头脑中设想的一种理想状态。正如列子所说:"至言去言,至为无为。"

针对世人对名利趋之若鹜的现实,列子亦有辩证、中和的说法,认为求名要顺应本心,掌握度,但认真品读,就会发现其落脚点最终还是回到了对自然本性的追随之上。鬻子说:"去名者无忧。"老子说:"名者,实之宾。"列子从"悠悠者趋名不已"的人间世态和老子说开去,说:"名固不可去,名固不可宾邪?今有名则尊荣,亡名则卑辱。尊荣则逸乐,卑辱则忧苦。忧苦,犯性者也;逸乐,顺性者也。斯实之所系矣。"名声不能成为主要的,还不能成为次要的吗?人有了名声就尊贵荣耀,没有名声就卑贱屈辱,尊贵荣耀的人就舒心快乐,卑贱屈辱的人则忧愁痛苦,忧愁痛苦是违背人的自然本性的,而舒心快乐才是顺应人的自然本性,这才与人的实际本性相符合。

杨朱说:"伯夷非亡欲,矜清之邮,以放饿死。展季非亡情,矜贞之邮,以放寡宗。清贞之误善之若此。"列子认为,伯夷并非没欲望,只是过于注重自己高洁的名声罢了,以至于最终饿死。展季也并非不近人情，只是过于注重自己的节操高尚而已，以至于没有几个后人认为是高洁和节操之类的名声使他们产生了迷误。这就是《菜根谭》所说的"持身不可太皎洁"吧？屈原便是一例。其高洁的品格情操在《离骚》中尽显无遗，值得世人赞佩和景仰，但高洁的品格是否非要以死来证明和践行呢？放弃生命是否就是最好抑或唯一的选择呢？值得思索。而列子认为，生死均应顺其自然，"既生，则废而任之，究其所欲，以俟于死。将死，则废而任之，究其所之，以放于尽"。刻意之事都不足取。

在人类生死、宇宙存亡的大问题上，《列子》说："故生不知死，死不知生；来不知去，去不知来。坏与不坏，吾何容心哉？"是一派本真、潇洒的态度。"无所由而常生者，道也……有所由而常死者，亦道也。由死而死，故虽未终而自亡者，亦常也。而死而生，幸也。故无用而生谓之道，用道得终谓之常；有所用而死者亦谓之道，用道而得死者亦谓之常。"无为之生死，即符合大道自然。"然而生生死死，非物非我，皆命也，智之所无奈何。故曰：窈然无际，天道自会；漠然无分，天道自运。天地不能犯，圣智不能干，鬼魅不能欺。自然者默之成之，平之宁之，将之迎之。"自然之道不可改变，顺其自然就是默合天道，顺从于命运，平静安宁，无所作为，时来而迎之，运去而顺之。"不知所以然而然，命也。""信命者亡寿夭；信理者亡是非；信心者亡逆顺；信性者亡安危。则谓之都亡所信，都亡所不信。真矣悫矣，奚去奚就，奚哀奚乐，

第一辑　虚空，无为

奚为奚不为。"相信命运也就无所谓长寿或短命了；相信自然之理也就无所谓对错是非了；相信内心也就无所谓逆与顺从了；相信自然本性也就无所谓平安与危险了。就是说完全不存在什么可以相信的，也完全不存在什么不可以相信的。只有这样，人才能自然真诚，知道何去何从，什么可哀什么可乐，什么该做什么不该做，死生自命，贫穷自时，当死不惧，在穷不戚，知命安时。

"太古之人知生之暂来，知死之暂往。故从心而动，不违自然所好，当身之娱非所去也，故不为名所劝；从性而游，不逆万物所好，死后之名非所取也。"是一番随心所欲，既出世又入世的洒脱态度。"可在乐生，可在逸身。故善乐生者不窭，善逸身者不殖。"乐天知命，安闲养身，不抱怨贫穷，亦不操劳经营，与现代人拼搏进取、力争上游的竞争精神和疲于奔命的忙碌场景相悖，但却是一种闲适自足、随遇而安的自然心态。

这番洒脱，归根结底，还是因为他窥见了短暂人生的终极宿命，"故生非所生，死非所死，贤非所贤，愚非所愚，贵非所贵，贱非所贱。然万物齐生齐死，齐贤齐愚，齐贵齐贱。十年亦死，百年亦死，仁贤亦死，凶愚亦死，生则尧舜，死则腐骨；生则桀纣，死则腐骨"，道出了躯体意义上死亡的永恒性和人类的一致归宿。无论好人恶人，死后归一，"彼四圣，虽美之所归，苦以至终，同归于死矣。彼二凶，虽恶之所归，乐以至终，亦同归于死矣"。也许正是基于这个归宿点上的思索，道家的态度是可取的，顺其自然，有些事情既然无法改变，就不必多绕口舌多费心思了。

《列子》书分八章，从《天瑞第一》到《说符第八》，时有玄虚含糊、扑朔迷离之辞，如"得意者无言，进知者亦无言。用无言为言亦言，无知为知亦知。无言与不言，无知与不知，亦言亦知"。扑朔迷离，却也意味无穷，今日我所领略到的，恐怕未及九牛之一毛，欲得其中真味，想必还须静下心来，认真研读、思考。这本《列子译注》，有详细的译文和注释，对于一般读者很是受用。

（《列子译注》，白冶钢译注，上海三联书店，2014年5月第1版第1次印刷）

2016年5月2日

第一辑 虚空，无为

吾道自足，旁事何求
——读朱熹、吕祖谦《近思录》

《论语》有言：切问而近思。《近思录》撷取了自《易经》以来儒家思想之精要，按照修身齐家治国平天下的思路集纳了北宋四位思想家——周敦颐、程颐、程颢、张载的经典语句并加以讲注辨析，深入而浅出，读而思之，取其精华，亦为快事。

《近思录》在开篇"道体"一章中引用《易经》思想，讨论性之本原，道之体统，明晰天道事理，直指核心、根本。"濂溪先生曰：无极而太极。太极动而生阳，动极而静。静而生阴，阴极得动。一动一静，互为其根。""乾道成男，坤道成女，二气交感，化生万物。万物生生，而变化无穷焉。"讲解无极、太极，阴阳、乾坤，"太极本无极也"。同时指出人在其中的位置，明确天地人的关系，道出儒家讲求"仁义"的要旨。"圣人定之以中正仁义而主静，立人极焉。故圣人与天地合其德，日月合其明，四时合其序，鬼神合其吉凶。君子修之吉，小人悖之凶。故曰：立天之道，曰阴与阳。立地之道，曰柔与刚。立人之道，曰仁与义。"

进而又对仁义道德，礼、义、智、信、圣、贤、神以及性与命等作了讲解。"德爱曰仁，宜曰义，理曰礼，通曰智，守曰信。性焉安焉之谓圣；复焉执焉之谓贤；发微不可见，充周不可穷之谓神。"认为有德有爱，是"仁"；行为适宜，是"义"；操行符合天理，是"智"；行为通融无碍，是"智"，行为坚定笃实，是"信"。行为遵循天性而安定不迁的，是圣人；不断恢复天性并持之以恒的，是贤人；德妙精微而不可测与见，充塞而不可穷尽的，是神人。"天所赋为命，物所受为性。""凡物莫不有是性。由通蔽开塞，所以有人物之别。由蔽有厚薄，故有知愚之别。塞者牢不可开，厚者可以开而开之也难，薄者开之也易，开则达于天道与圣人。"性与命的不同，造就了世间万物的千差万别。而"仁者以天地万物为一体"。

在"为学"篇和"圣贤"篇中，《近思录》讲解学问修习和圣人、君子之道。朱熹、吕祖谦在书中指出古人学习的目的，道出读书、求学的古今之别，"学本是修德，有德然后有言，退之却倒学了"，"古之学者为己，欲得之于己也。今之学者为人，欲见之于人也"。在此强调学以修身，认为古人学习本是修心养性，颐养道德，使内心沛然充实而有光辉，今人学习为了"作秀"，以获他人认可。"古人惟知为仁而已，今人皆先获也。"古人认为施行仁义就行了，今人都是目标、结果导向，有很强的目的性。"古之学者，优柔厌饫，有先后次序。今之学者，却只做一场话说，务高而已……后之学者好高，如人游心于千里之外，然自身却只在此。"古之学人从容不迫，扎实渐进，今之学人高谈阔论，好高骛远，心思神游千里之外，而自身却原地踏步。《近思录》道出圣人、君子的行为典范，强调诚善、忠信、无私，"博学而笃志，切问而近思"等道德品性和行为习惯，认为"不学便老而衰"，赞同博学、审问、慎思、明辨、笃行，讲求厚重自持，强调"君子之学必日新。日新者，日进也。不日进者，必日退，未有不进而不退者。惟圣人之道，无所进退，以其所造者极也"。学问不进则退，只有圣人因已达顶点而无有进退。"'穷神知化。'乃养盛自至，非思勉之能强。故崇德而外，君子未或致知也。"而君子所做，只是尊崇道德而已，道德修养到达一定程度，自然能够穷究事物奥秘，了解万物变化，而非靠思虑勉强所得。作者引用程颢的话说："圣人之常，以其情顺万物而无情。"圣人之所以恒久，因其情感顺从万物而无私心。"与其非外而是内，不若内外之两忘也，两忘则澄然无事矣。无事则定，定则明，明则尚何应物之为累哉？圣人之喜，以物之当喜。圣人之怒，以物之当怒。是圣人之喜怒，不系于心，而系于物也。"与其求内而排外，不如内外两忘，以求内心澄澈安定，圣人的喜怒不决定于心，而取决于物。"合内外，平物我，此见道之大端。"做到表里如一，物我一体，就能看到道之精髓了。同时强调淡泊名利，不失根本,"学者须是务实,不要近名方是。有意近名,则是伪也。大本已失,更学何事?为名与为利,清浊虽不同,然其利心则一也","为学大益,在自求变化气质","学至气质变,方是有功"。不在名利场中沉溺流连,强调自我修养,对于物欲横流的社会,更有教育意义。朱、吕二人对读书人的襟胸境界亦有展望,称"须是大其心,使开阔","心大则百物皆通,心小则百物皆病"。主张志向远大,但又须量力而行,"所见所期,不可不远且大,然行之亦须量力而渐。志大心劳,力小任重,恐张败事"。推及著文立说,则"文要密察,心要洪放"。

其他篇章也对"圣人"多有描述,如"克己"篇中"君子役物,小人役于物""圣人之心如止水","教学"篇中"圣人之道如天然,与众人之识甚殊邈也"等等。而见贤思齐,世代先儒也是如此要求自己的,程颢门人刘安礼说程颢:"明道先生德性充完,粹和之气,盎于面背。乐易多恕,终日怡悦。立之从先生三十年,未尝见其忿厉之容。"道出程颢的良好精神风貌,德性完备,粹气充盈,和颜悦色。吕大临《明道先生哀辞》则说程颢:"涣然心释,洞见道体。其造于约也,虽事之感不一,知应是心而不穷;虽天下之理至众,知反之吾身而自足。其致于一也,异端并立而不能移,圣人复起而不与易。其养之成也,和气充浃,见于声容,然望之崇深,不可慢也。遇事优为,从容不迫,然诚心恳恻,弗之措也。"称其识道体而又知变通,达到精诚致一的境界,并且"自信之笃",

矢志不渝，而又不故意作高洁之姿致仕隐居，依照事理，心中安稳。修养深厚，概能达此境界。而《近思录》还在"警戒"篇中列出行为规范，提醒世人改过纠偏，迷途知返。"人之过也，各于其类。君子常失于厚，小人常失于薄；君子过于爱，小人伤于忍。"君子小人之过各有不同，但如若心志坚定，则能"辨之早，去之速"。

《近思录》主张独立思考，称"大抵不言而自得者，乃自得也"，认为学问大体不是靠别人言说而得，而是靠自己优游涵泳而得，这才是自己真正明白的"得"。同时主张存疑、善思，"不知疑者，只是不便实作。既实作则须有疑。必有不行处是疑也"，认为读书若无疑问，说明没有读进去，真读进去了就会有疑问，读不通的地方就是疑问所在。并且多次举出先贤大儒独立思考的案例，如程颢曾对孟子所讲的"爱"与"仁"提出质疑："孟子曰：'恻隐之心，仁也。'后人遂以爱为仁。爱自是情，仁自是性，岂可专以爱为仁？孟子言：'恻隐之心，仁之端也。'既曰仁之端，则不可便谓之仁。退之言：'博爱之谓仁。'非也。仁者固博爱，然便以博爱为仁则不可。"承继独立思考的优良传统，面对先儒之思，朱熹、吕祖谦亦时而在书中发表自己的见解，比如说："先儒皆以静为见天地之心，盖不知动之端乃天地之心也。"过去的儒者都认为静能见出天地之心，那是因为他们不知道静极而动之时才能看到天地之心。而"动静无端，阴阳无始"。

《近思录》多处强调"诚"，"道之浩浩，何处下手？惟立诚才有可居之处。有可居之处，则可以修业也"。道浩瀚无穷，修道从何处下手呢？唯有"立诚"。而"诚无为，几善恶"，说"诚"的本体无为无欲、寂然不动，动起来则有为，有善恶。"无妄之谓诚，不欺其次矣。"讲自然而无妄念即是"诚"，其次是做到心中不欺。"明道先生曰：'修辞立其诚'，不可不子细理会。言能修省言辞，便是要立诚。若只是修饰言辞为心，只是为伪也。"程颢讲解《易经》里的"修辞立其诚"，说修饰言辞是要心中有诚意，如果修辞言辞是为了表现自己的诚意，便是立诚，如果只是一心想着怎么修饰言辞，那就是作假了。"伊川先生曰：志道恳切，固是诚意。若迫切不中理，则反为不诚。盖实理中自有缓急，不容如是之迫。观天地之化乃可知。"程颐说：有志于道学的态度恳切，固然是有诚意的表现，但若心情迫切得不合常理，就反倒不诚心了。其中又蕴含了物极必反之理。著书立说亦是如此，须有"诚"和"善"贯穿其中，"明道先生曰：且省外事，但明乎善，惟进诚心。其文章虽不中，不远矣"。

修身之外，《近思录》在"家道""治体"等篇章中阐释儒家齐家、治国、平天下的理念，并在"异端"篇中抨击佛、道两家之弊，指责其叛经离道，不能自圆其说，"然则毁人伦，去四大者，其外于道远矣"，由此流于褊狭，"为害尤甚"。"生生之谓易"，"放这身来，都在万物中一例看。大小大快活。释氏以不知此，去他身上起意思，奈何那身不得，故却厌恶，要得去尽根尘。为心源不定，故要得如枯木死灰"，"佛氏不识阴阳、昼夜、死生、古今，安得谓形而上者与圣人同乎"？认为佛教不懂成物一体而厌恶自身，实为内心无法安定，才要力求做到身如枯木，心如死灰，不懂阴阳、昼夜、死生、古今都是自然现象，因此与儒家圣人的理念不同。称儒家只是按照人的本性行事，"吾道则不然，率性而已"，并举出张载所言："吾道自足，何事旁求？"认为儒家之道可以自足，不需旁求。儒家讲道，道家亦讲道，儒家之道与道家之道是一回事，还是各说各话？其间是否有交叉融合？比如顺应天性，天人一体。儒家所讲之道，是天地之道、道义之道、人伦之道、圣人及学问之道，还是兼而有之？老子于《道德经》中对孔子也多有嘲讽，两家相轻，概因其有本质不同。相较而言，老庄出世超脱，逍遥自由；孔孟务实入世，突出教化。过去旅游到山西，曾于悬空寺见到儒释道三家供奉一处，三者能否融合兼有，互补短长？而作为后世读者，则需独立思考，客观看待，取其精华，去其糟粕。

朱熹说，四书是六经的阶梯，而《近思录》是四书阶梯。由此《近思录》曾于明清时代作为士子之必读书。当在书中听到："伯淳尝与子厚在兴国诗讲论终日，而曰：不知旧日曾有甚人，于此处讲此事？"禁不住感慨，天下之事，生生不息，代代相传，如《圣经·传道书》所言："已有的事，后必再有；已行的事，后必再行。日光之下，并无新事。"只不过伯淳（程颢）、子厚（张载）所讲之学、所论之道有深有浅而已。今日伯淳（程颢）、子厚（张载）不在，然其所讲之学、所论之道仍在被讲被论,并有光大发扬之势。

(《近思录》,朱熹、吕祖谦撰,斯彦莉译注,中华书局,2011 年 1 月第 1 版,2016 年 4 月第 5 次印刷)

2018 年 4 月 15 日

虚空淡泊，率性真纯
——读洪应明《菜根谭》

《菜根谭》，作者洪应明，早年涉足仕途，晚年退隐山林，惊涛骇浪历尽，留下一份彻悟与清醒。书分五篇，依次为修身、应酬、评议、闲适、概论，篇篇有真知，篇篇有灼见，汲取儒释道三家之精神，凝聚个人之颖悟，铸成传世之智慧，读来颇为受益。

人到无欲无求处，便见真精神。如洪应明所说："思入世而有为者，须先领得世外风光，否则无以脱垢浊之尘缘；思出世而无染者，须先谙尽世中滋味，否则无以持空寂之苦趣。"脱离宦海，归隐山林，与自然同频，与本体同处，与自性同在，真情真性，一览无余，名言至理，跃然纸上，深刻而不着意，超然而发乎于心，是千般历尽后的超脱境界。

"人之有生也，如太仓之稀米，如灼目之电光，如悬崖之朽木，如逝海之巨波。"纵观世事，究竟有什么是重要的呢？将个体微小之生命放置于宇宙无限之空间，似亦无寿夭之别，

·41·

不如抛开名利追求，随心所欲，自在悠游，"人生且自舒眉"。"兴来醉倒落花前，天地即为衾枕；机息坐忘盘石上，古今尽属蜉蝣。""逸态闲情，惟期自尚，何事外修边幅；清标傲骨，不愿人怜，无劳多买胭脂。"自美，自适，自足，不亦乐乎？

"吾生也有涯，而知也无涯"，人生虽短暂，但短暂的人生，亦应堪悟修持，自我完善，自求多福。"天地有万古，此身不再得；人生只百年，此日最易过。幸生其间者，不可不知有生之乐，亦不可不怀虚生之忧。"虚空淡泊，率性真纯，是洪应明的主张："躯壳的我要看得破，则万有皆空而其心常虚，虚则义理来居；性命的我要认得真，则万理皆备而其心常实，实则物欲不入。""世事如棋局，不着的才是高手；人生似瓦盆，打破了方见真空。"具备了"彩笔描空""利刀割水"的功夫，才可感与应俱适，心与境两忘，"能空境界自生明"，"不为法缠、不为空缠、身心两自在"，"从五更枕席上参勘心体，气未动，情未萌，才见本来面目；向三时饮食中谙练世味，浓不欣，淡不厌，方为切实工夫"。他认为心体澄澈、意气平和，自可求得内外和谐，"心体澄彻，常在明镜止水之中，则天下自无可厌之事；意气和平，常在丽日光风之内，则天下自无可恶之人"，"疾风怒雨，禽鸟戚戚；霁月光风，草木欣欣。可见天地不可一日无和气，人心不可一日无喜神"，"肝肠煦若春风，虽囊乏一文，还怜茕独；气骨清如秋水，纵家徒四壁，终傲王公"。同时强调求真求实，笃定从容，做真人君子，"持身涉世，不可随境而迁。须是大火流金而清风穆然，严霜杀物而和气蔼然,阴霾翳空而慧日朗然,洪涛倒海而砥柱屹然,方是宇宙内的真人品"。推及学者,"故学者当栖心元默,以宁吾真体;亦当适志恬愉,以养吾圆机","人心有部真文章,都被残编断简封固了;有部真鼓吹,都被妖歌艳舞湮没了。学者须扫除外物,直觅本来,才有个真受用"。其"士君子幸列头角,复遇温饱,不思立好言、行好事,虽是在世百年,恰似未生一日",则像是在说酒足饭饱之后不思进取的现代人,对照自身,我天天书写,虽力量有限,但诚心向好,但愿不会枉度此生。

世人之劳碌一世,往往绕不开"名利"二字,看透世事的洪应明不但视名利为浮云,而且将名和利视为损害自身的赘物和辨识真假的标尺,在《修身》篇,他说:"若少慕声闻,便成伪果。"又说:"钟鼓体虚,为声闻而招击撞;麋鹿性逸,因豢养而受羁縻。可见名为招祸之本,欲乃散志之媒,学者不可不力为扫除也。"这和庄子"无用"之材因"无用"而长寿,"有用"之材因"有用"而不得善终的观点相通。在《概论》篇,他进一步强调,君子不可太露锋芒,"君子之才华玉韫珠藏,不可使人易知","聪明人宜敛藏而反炫耀,是聪明而愚懵"。明代李贽点评《三国演义》时也说:凡聪明而好露者,皆足以杀其身也。而"君子故不为君相所牢笼"说的则是有德行的君子不被君王权相悬设的功名利禄所笼络束缚,无论名还是利,都是贪图者的无形绳索。在《应酬》篇,洪应明的"膻秽则蝇蚋丛嘬,芳馨则蜂蝶交侵。故君子不作垢业,亦不立芳名"给世人提供了一个新的视角,在他看来,因恶名而吸引来蝇蚋和因芳名吸引来蜂蝶实质上是一样的,实在耐人寻味。由此他反对标榜,以廉洁和谦让为例,"廉所以戒贪,我果不贪,又何必标一廉名,以来贪夫之侧目;让所以戒争,我果不争,又何必立一让的,以至暴客之弯弓","真廉无廉名,立名者正所以为贪;大巧无巧术,用术者乃所以拙","人知名位为乐,不知无名无位之乐为最真"。受道家思想影响,他强调低调处事,无为而为。"鹄恶铃而高飞,不知敛翼而铃自息;人恶影而疾走,不知处阴而影自灭。故愚夫徒疾走高飞,而平地反为苦海;达士知处阴敛翼,而巉岩亦是坦途。""钓水,逸事也,尚持生杀之柄;弈棋,清戏也,且动战争之心。可见喜事不如省事之为适,多能不如无能之全真。"认为具有多种才能不如没有才能更能保全天性,"矜名不如逃名趣,练事何如省事闲"?

　　但无为也并非就是无所事事,虚度光阴。虽然在《闲适》篇中,洪应明表达出对闲云野鹤般自由生活的向往,"地宽天高,尚觉鹏程之窄小;云深松老,方知鹤梦之悠闲"。认识到大地宽广、天空高远,才发觉大鹏展翅高飞的行程狭窄渺小;体会到云迷雾锁、松寿千年,才知道超凡脱俗的鹤梦是何等悠闲。"忽睹天际彩云,常疑好事皆虚事;再观山中古木,方信闲人是福人。"但他同时也主张劳逸结合,动静相宜,张弛有度,"身不宜忙,而忙于闲暇之时,亦可傲惕惰气;心不可放,而放于收摄之后,亦可鼓畅天机","从静中观物动,向闲处看

第一辑 虚空，无为

人忙，才得超尘脱俗的趣味；遇忙处会偷闲，处闹中能取静，便是安身立命的工夫"。读到此处，想到自己常常如此，在忙碌的工作之余，总须有偷闲和透气的空隙，否则便感身心不适；即使是在休病假的期间，却也未见有全然的休闲，终日忙碌，仍有很多喜欢的事情身体力行，惟其如此，才感内心充实愉悦。

幸福，是人类的永恒追求，《菜根谭》有很多相关论述，其核心强调："心体光明，暗室中有青天。""此心常看得圆满，天下自无缺陷之世界；此心常放得宽平，天下自无险侧之人情。""福不可徼，养喜神以为招福之本。"很多的时候，幸福是自我的一种内在感觉，性情温暖者，宜感幸福，"天地之气，暖则生，寒则杀。故性气清冷者，受享亦凉薄。惟气和暖心之人，其福亦厚，其泽亦长"。幸福有天赐天赋的成分，亦有后天修持所得，"天薄我以福，吾厚吾德以迓之；天劳我以形，吾逸吾心以补之；天扼我以遇，吾亨吾道以通之。天且奈我何哉"！是啊，忙碌之余，独处、书写、阅读就是我"补"的方法。而福乐若要长久，最终还须从甘苦相参的磨砺中出，甘甜中溢出的欢乐幸福是自然轻易的，通常也是脆弱易逝的，苦境中砥砺出的欢乐幸福才更真实持久，"一苦一乐相磨练，练极而成福者，其福始久；一疑一信相参勘，勘极而成知者，其知始真"。而幸福，也关乎道德品质的修为培养，蕴含着祸福转化的道理，"毁人者不美，而受人毁者，遭一番讪谤，便加一番修省，可释回而增美；欺人者非福，而受人欺者，遇一番横

· 45 ·

逆，便长一番器宇，可以转祸而为福"。

《菜根谭》包含了许多中庸的思想，无论为人处世，还是治学修身，都不主张过激或跑偏，讲究不偏不倚，恰如其分。"惊奇喜异者，无远大之识；苦节独行者，非恒久之操。""阴谋怪习、异行奇能，俱是涉世的祸胎。只一个庸德庸行，便可以完混沌而招和平。""忧勤是美德，太苦则无以适性怡情；淡泊是高风，太枯则无以济人利物。""气象要高旷，而不可疏狂；心思要缜细，而不可琐屑；趣味要冲淡，而不可偏枯；操守要严明，而不可激烈。""学者有段兢业的心思，又要有段潇洒的趣味。若一味敛束清苦，是有秋杀无春生，何以发育万物？"无不是讲凡事勿走极端，而要温婉适中。在为人方面，也讲究灵活变通，既要有真恳的念头，又要有圆活的机趣，"作人无一点真恳的念头，便成个花子，事事皆虚；涉世无一段圆活的机趣，便是个木人，处处有碍"。同时反对执着不化，主张柔韧包容，"持身不可太皎洁，一切污辱垢秽要茹纳得；与人不可太分明，一切善恶贤愚要包容得"。在雅俗、动静之间，亦有通变。"书画是雅事，一贪便成商贾。盖心无染著，俗境是仙都；心有系牵，乐境成悲地。""喜寂厌喧者，往往避人以求静。不知意在无人，便成我相；心着于静，便是动根。如何到得人我一空、动静两忘的境界？"不同的时代、不同的人，不同的经历、处境，自然有不同的观点和主张，颜回一箪食一瓢饮在陋巷不改其乐，明代心学却认为活得合理而滋润，符合人性、长久不败是最佳人生状态。无所谓好坏与对错，顺应本性，顺其自然就好。

《菜根谭》还有许多着眼于现实的警世名言，在洞察世事人情的基础上，告诉人们为人处世的法则，修身自保、随机应变的道理和方法。"使人有面前之誉，不若使其无背后之毁；使人有乍交之欢，不若使其无久处之厌。""十语九中未必称奇，一语不中，则愆尤骈集；十谋九成未必归功，一谋不成则訾议丛兴。君子所以宁默毋躁、宁拙毋巧。"告诫人们要从不同角度冷静思考，谨慎处事；"完名美节不宜独任，分些与人，可以远害全身；辱行污名不宜全推，引些归已，可以韬光养德"，告诫人们不可贪功推责，惹祸上身，"处世让一步为高，待人宽一分是福"；"事有急之不白者，宽之或自明，毋躁急以速其忿；人有切之不从者，纵之或自化，毋操切以益其顽"，是说有些事不可急躁冒进，欲速则不达，催逼过紧，适得其反，孩子教育概亦如此；"智小者不可以谋大，趣卑者不可与谈高"，"大聪明的人，小事必朦胧；大懵懂的人，小事必伺察"。崇尚的是大智慧和高尚的志趣情怀，和庄子的"大知闲闲，小知间间"异曲同工。"帆只扬五分，船便安；水只注五分，器便稳。如韩信以勇略震方被擒，陆机以才名冠世见杀，霍光败于权势逼君，石崇死于财赋敌国，皆以十分取败者也。""鹤立鸡群，可谓超然无侣矣。然进而观于大海之鹏，则眇然自小；又进而求之九霄之凤，则巍乎莫及。所以至人常若无若虚，而盛德多不矜不伐也。"是说要持中戒满，看到楼外有楼，天外有天，和古代各家各派的观点不谋而合。"遇沉沉不语之士，且莫输心；见悻悻自好之人，应须防口。"则提醒人们，遇太过深沉，一语不发，其心难测之人，不要着急与他交心；遇高傲自大、自以为是之人，言辞则须谨慎。"花开花谢春不管，拂意事休对人言；水暖水寒鱼自知，会心处还期独赏。"想必是结合自身境况所抒发的一番感悟，杨春俏在点评时，说那是作者"心底里透出的冷漠"，设身处地，或并非如此，奥修亦说，人到了最深处，只能是他自己，我是赞同的，但无关冷漠与否。"鸿未至先援弓，兔已亡再呼犬，总非当机作用；风息时休起浪，岸到处便离船，才是了手工夫。"讲的是讲究时机、契机、机缘。是的，顺应本性天时，坦然处之，便是莫大福报吧。

而真纯的东西往往保持本然，复归平常。相对于儒家，道家的思想亦更为超脱、超离。"醲肥辛甘非真味，真味只是淡；神奇卓异非至人，至人只是常。""文章做到极处，无有他奇，只是恰好；人品做到极处，无有他异，只是本然。"极是！关于修身学道，他主张追随天性，不刻意为之，"贫士肯济人，才是性天中惠泽；闹场中能学道，方为心地上工夫"，"把握未定，宜绝迹尘嚣，使此心不见可欲而不乱，以澄吾静体；操持既定，又当混迹风尘，使此心见可欲而亦不乱，以养吾圆机"。此言不虚，如今修道者众，真入道者，大概处处有玄机，时时可入道，刻意为之者，想必尚在途中。

中华古书浓缩了很多精华，如朱光潜等诸多学者所说"书不必多读，读几本足矣"，足资可信。穷其一生，若能将不多的几本经典读通读透，定可受益无穷。《菜根谭》著于晚明，我选读的是中华书局通俗版本，因此读来不感艰涩。

（《菜根谭》，洪应明著，杨春俏译，中华书局，2016年6月第1版，2015年8月第4次印刷）

2016年4月24日、28日

用心灵的视角寻找
——读刘再复《世界游思》

　　学者刘再复的游记,字里行间全是思想。因而他将其命名为"游思",而非"游记"。在四海的游历中,感觉他总是试图带着伤痕去飞翔——迷茫使他远走天涯,也给予了他深刻的思考,这思考被他带到字里行间,成为《远游岁月》,成为《漂泊心绪》,成为《西寻故乡》,成为这本《世界游思》。真实的经历不必刻意忘记,但他亦未沉陷于无边的自哀自怜之中,而是挣脱苦难,努力用心灵,重新寻出一条光明的路途。

　　他将大自然和人类的构建当作一本大书去读,去体会,将自身抛置其中,在一个更为开阔、更为坦荡的视角和背景下审视历史,看待世事,思考人生,于经意不经意的瞬间触摸永恒,看到永在——那是内心深处美的召唤与呼应,是历经万劫而永在的声音。当他行走在翡冷翠、卢浮宫、圣彼得大教堂,他看到达·芬奇、拉斐尔、米开朗基罗、梵·高、莫奈的油画和雕塑上承载着这样的声音；当踏上俄罗斯的土地，他看到普希金、果戈理、莱蒙托夫、托尔斯泰、陀思妥耶夫斯基等等这些名字闪耀的光泽中承载着这样的声音；在黑山总统雕像前，他看到华盛顿弃绝至高荣耀退隐田园和杰弗逊"憎恨和反对任何形式的对于人类心灵专政"的誓言中亦承载着这样的声音……他深信这样的声音从千古而来，又将穿越千古，永远回荡在人类的灵魂中，"至真的情感永远是美丽的"唯有真善美能够永恒。

有人说，人类的历史就是一部杀戮史，然而能够穿越硝烟战火，穿越厮杀仇恨，抚慰人类灵魂、思绪和目光的，唯有美。带着一代又一代人的期盼和敬仰，古希腊的维纳斯留了下来，达·芬奇的蒙娜丽莎留了下来，拉斐尔的圣母子留了下来……"天下之至柔，驰骋天下之至坚"，驰骋沙场的拿破仑将她们小心地安置在了卢浮宫，作为天下之至宝加以珍藏和守护，并为后人膜拜景仰。这些人类灵魂的伟大创造，仿若一块块基石，构筑了人类精神价值最高水准的人文巅峰。

在世界不同的角落，他看到不同的存在，也看到人类共同的期待。在柏林墙下，他看到自由的不可阻挡；在美丽的瑞士，他看到严守中立、以不参与战事为最高原则的睿智；在摩纳哥、圣马力诺等等这些弹丸之地，他看到小国寡民"小而持久"的力量和"以小制大"的不绝生命力……他看到巴黎是个有灵魂的城市，也看到拉斯维加斯是一片心灵的荒漠；看到纽约的摩天大楼，也感受到温哥华的自然气质；哥伦拜恩的校园枪声使他感受到彻骨的悲凉与悲哀,摩纳哥的赌博史却又因拨动他天性的悲悯而使他体恤到另一种生存的合理性;面对罗密欧与朱丽叶的雕像,他说:"我是东方的莎士比亚信徒,从小就信仰文学,信仰真、善、美,我知道对于文学仅有兴趣是不够的,还必须有信仰。"在爱汶河畔莎士比亚的故乡斯特拉特福,在荷马、但丁、歌德、托尔斯泰等等这一座座文学高峰面前,他加固着自己的信仰,重生出无限的希望和力量。

以"思想者"自称的他,所到之处,有由衷的激发与赞叹,亦有冷峻的反思与质疑。在古罗马的斗兽场,他想到的不是英勇,不是伟大,不是力量,而是无知、残忍与黑暗;在巴黎的凯旋门,他想到的不是胜利的庆典与荣耀,而是两千多年前老子"胜而不美""以丧礼处之"的古训;在西班牙斗牛场,面对血腥赤裸的厮杀,他无法和众人一起欢呼鼓舞,他仿佛看到了苦难的轮回和人类倒退的声音。他希望人类铭记历史教训,时刻谦卑、自省,在和平、悲悯和友爱中走向文明和共同的幸福。

人生、思想的游历已使他脱尽浮华,只把幸存的生命放到实处,以生的全部真诚去感受人间那些被浓雾遮住的阳光,时时亲吻大自然和大宇宙的无尽之美与无穷的精英,把身外之物抛得远远。"经过一次大沧桑之后,我对生命、生活,明白了许多,没有经历过大沧桑,不可能赢得对生命真切的理解。劫难,是一部大书,吞咽劫难之后,我便觉得成熟得多。我觉得心灵孤本上又添了应当珍惜的一页……在庞大的故

第一辑 虚空，无为

国，名声、地位、权力都富有魅力，它吸引着无数人去追逐，现在还吸引着无数人去追逐。可是，我终于放下了欲望。放下欲望是需要力量的。有力量放下欲望才能享受平静。"他说："我相信，拥抱山岳拥抱沧海拥抱星空比拥抱名声地位重要得多。"在《童心百说》一书中，他曾欣喜于自己日渐的复归于婴儿，回到老子所称道的自然真纯的状态，回顾自己的远游岁月，他说："我已拒绝了一切自我标榜的伪爱和一切外在的诱惑，而重新领悟真正的爱义。我这些年喜欢写些散文，就是因为我的心思已脱樊笼，所有的文字都出自己身的天性情思和再生的爱义。"

散文是我一向的所爱，我庆幸自己一开始就处于这样的心境和氛围之中。一切的浮华都是负累，还有比本真的存在更幸福的么？读了他的游思，我更应珍惜本性、机缘的恩赐和当下的拥有。

（《世界游思》，刘再复著，生活·读书·新知三联书店，2012年12月第1版第1次印刷）

2016年3月13日

有一种灵魂本在故乡
——读周国平《朝圣的心路》

读周国平的《偶尔远行》，有一种亲切感，于是又有了后来的《街头的自语》《安静》和这本《朝圣的心路》。

在《偶尔远行》中感到亲切的，是他身处南极这样一个远离人烟的特殊环境，仍然喜欢独处；是他赴南极之时以及从南极归来对于新闻媒体的一份排斥的态度；是他对科学家以科学研究为名面对身陷绝境的南极动物见死不救的批评和反感……由此我们看到的是一个重视内在、忠于自我、具有人文情怀并遵循灵魂指引的人。隐隐地感到，自己与其似乎有着相同或相近的心灵轨迹，有时候显得不合群，而实际上是不愿意将时间耗费在无意义的事情上。在特殊的环境中，一些人需要抱团取暖，或者千方百计用扎堆的方式祛除寂寞，而他不需要，内在精神丰盈而饱满的他不需要凭借外力去祛除什么，宁静本身就是一笔财富，他只需在自己的世界里沉浸或享受。与新闻保持距离，也是其沉静气质的一种表现。至于人文情怀，

第一辑 虚空，无为

那是一个真正作家的自然体现。

《朝圣的心路》有着相同的精神脉络，关于独处，周国平说："孤独之为人生的重要体验，不仅是因为唯有在孤独中，人才能与自己的灵魂相遇，而且是因为唯有在孤独中，人的灵魂才能与上帝、与神秘、与宇宙的无限之谜相遇。""人们往往把交往看作一种能力，却忽略了独自也是一种能力，并且一定意义上是比交往更为重要的一种能力。""独处的确是一个检验，用它可以测出一个人的灵魂的深度，测出一个人对自己的真正感觉，他是否厌烦自己。""一种缺乏交往的生活当然是一种缺陷，一种缺乏独处的生活则简直是一种灾难了。"为此他还专门写了一篇《独处的充实》。用周国平的话说我们要看隽永的、美的东西，"读永恒的书"。随着时间，我们的心智和认识的确在不断地成熟，我们会逐渐地抛弃那些多余、无意义的东西，使人生变得简而又简。像我对朋友说的，叩问心灵，我要让人生简化到只有三件事，那便是：读书、写字、画画。

《朝圣的路》反映了周国平关于宗教、灵魂的思索，淡泊的人生哲学，以及注重现世的人生态度。他在抨击时弊时说："适意淡泊的老庄哲学变成了装神弄鬼的妖术，虚无悲观的佛陀哲学变成了积善图报的谋略。大乘宣称要普度众生，为此不惜方便说法，把佛理改造得适合众生的口味，其结果真不知是佛把众生度出了苦海，还是众生把佛度入了尘嚣。"对于"果报"，他从一个作家或人文学者的角度，认为真正的果报就在现世"善者并不因为他的善而能免受人世之苦难，但能因此使

哲学卷：觉知，觉醒

苦难具有一种证实、洗礼、净化的精神价值……善者播下的是精神的种子，收获的是精神的果实。如果他真的是善者，难道他还会指望别样的收获吗？"相较于对今世或来世现实果报的期待，本已自足、不具目的的境界是否更为纯粹呢？他对来世不抱幻想，"我们永远只能生活在现在，要伟大就现在伟大，要超脱就现在超脱，要快乐就现在快乐……作为一种生活态度，理想是现在进行时的，而不是将来时的"。对于人们对精神失落的抱怨，他说精神不是身外之物，有就是有，没有就是没有，哪有失落之理？真正失落的是昨日那种风光的身份，那种扮演社会中坚的角色感，一句话，虚名罢了。是的，尤其作为个体，拥有的都会拥有，具备的都会具备，不存在失去、失落与否，导致内心不平衡的，或许真的就是对身外之物的眷恋。

作为一个思想者，周国平先生还对哲学、文化、学术作了深入思考，对中外哲学家如孔子、庄子、苏格拉底、柏拉图、尼采、史怀泽等的哲学论辩进行了剖析。他认为中国没有纯粹的哲学，只有政治哲学，道德哲学，缺乏的不是社会担当，而是独立品格和灵魂生活。在母校北大演讲时，他以很长的篇幅指出中国文化的实用品格等缺陷，希望中国有更多立志从事纯哲学、纯文学、纯艺术、纯学术的人，即以精神价值为目的本身的人。当然，认真思考并忠于自己思考的人未必就是招待见的人，在刚刚读过的他的《街头的自语》中，他坦陈因他的"不合时宜"他似乎并不是特别受到北大的欢迎。而对于学术他也有自己的看法，认为很多聒噪的讨论并无意义，所以作为学者的他，常常回避。"无论'文化热'，还是'文化低谷'，都与真正爱文化者无关……一个够格的文化人，或者说知识分子，不论他是学者还是作家、艺术家，他必定是出于自身生命的根本需要而从事精神文化创造的。"他的价值取向是明确而坚定的，不会有任何实质性的困惑。此言不虚。真正的热爱如同空气般无所、无时不在，却又从不曾刻意被觉察，是生命的一种自然状态，凡是争论不休的人，都与之相距遥远。

在不同篇章里周国平不时闪现很多思想，是与自己有着天然的相通的，比如他说，用商业精神取代人生智慧，结果就使自己的人生成了一种企业，使人际关系成了一个市场。人生的真价值是超乎义利之外。在义利之外，还有别样的人生态度。如果说"义"代表一种伦理的人生态度，"利"代表一种审美的人生态度，那么"情"便代表一种审美的人生态度。率性而为，适情而止，保持自己的真性情，的确是件幸福的事。比如他说，和别人一起游山玩水，那只是旅游；唯有自己独自面对苍茫的群山和大海之时，才会真正感受到与大自然的沟通。这让我想起，我与大自然的沟通是在紫竹院完成的。每日上班经过，那是最好的浸染、淘洗和对话。当一个人与草木接近之时，或许他便离神性的纯粹不远了。

而在有些问题上，周国平显然有些悲观。比如谈及医院的人文品格，他说：以拯救生命为使命的医学，为什么如此缺少抚慰生命的善意？没有抚慰的善意，能有拯救的诚意吗？而彼时我正在医院，为了排队等待我挂到的第"40+51"号而在大楼东侧的紫藤架下读书，看到这段，并无同感，于是随手在旁批注："此时正在医院，看到大夫名下的上百个号，还是从正面多升出一些感情吧。从正面看，就不是如此。"这也是思维方式的不同，我怎么第一反应总是从正面去感受和想象呢？几月来频繁来医院我才认识到大夫的可敬和伟大，认识到医生是个让人感动的职业。那时候坐那等号，看到那些白大褂们，感觉他们一个个那么可爱。救死扶伤，无私给予，还有比这个职业更高尚的吗？而给我看病的阮大夫，都让我觉得有点心疼，每天一两百个号，没完没了，伟大！甚至某一个瞬间我都闪现出这么一个想法：要是从头再来我也尝试学医吧。为他人带来福祉，本身是一件多么愉快的事！当然，周国平说生病是一种特别的个人经历，有助于加深一个人对生命、苦难、死亡的体验，"人是会因此获得看世界和人生的一种新的眼光的"，我倒是同意的。几月来的生病，也给我带来无尽的思索，并让我感受到生命新一轮的焕发。

　　在另一些问题上，感觉也不尽相同，比如周国平说："人的灵魂渴望向上，就像游子渴望回到故乡一样。灵魂的故乡在非常遥远的地方，只要生命不止，它就永远在思念，在渴望，永远走在回乡的途中。"我想说，有一种灵魂本在故乡，因不曾离开而无须寻找和回归。如此的灵魂，才是真正安详的存在。

　　（《朝圣的心路》，周国平著，上海三联书店，2012年12月第1版，2014年10月第2次印刷）

2016年4月17日

第一辑　虚空，无为

喃喃的絮语
——读周国平《街头的自语》

虽然周国平不承认自己属于闲适派的一类，我也不认为把他归入此类是恰当的，但这本《街头的自语》笔调确实比较轻松，包含日常生活的所见所闻，间杂一点感悟和哲思，读起来不像艰深、成系统的哲学那么累。当然，哲学有哲学的分量，感悟有感悟的声色，顺其自然就好。

而在一切的感悟之中，必然夹杂着作者的性情和态度，思想者的周国平更是如此。在上海老家，看到上班族不顾斯文疯狂挤车的场景和眼前拥挤碰撞的一切，他找不到归属感，以至于常常意识到上海不是他的家。是的，物质形态的家，只是一个地理的概念，精神层面的家却可无所不在，哪里适宜，哪里就是家园。性情沉静的他显然已不适应上海的吵闹和浮躁，在那里，他看到人与自然的隔绝，找不到一丝的安心和自在。而在他看来，"人与人的碰撞只能触发生活的精明，人与自然的交流才能开启生命的智慧"。由此他联想到古罗马智慧素朴的帝王哲学家马可·奥勒留,联想到古希腊最早的哲人泰勒斯,联想到热衷名声又勘破了名声的西塞罗,使自己的思想更加明澈。

周国平针对文坛世态也有一些评说,围绕名、利,以及对文学的真热爱发些感慨,"一个成熟的作家理应把眼光投向事情的本质方面,以作品本身而不是作品所带来的声誉为其创作的真正报酬"。正如天才永远是凤毛麟角,对文学真需要、如同呼吸的真信徒或许也不会很多,尤其在人心浮躁的年代,人们似乎总是要借助一点什么去达到事物之外的目的,久而久之,反而忘记了事物本身。所以周国平先生说:"也许,在任何时代,从事精神创造的人都面临着这个选择:是追求精神创造本身的成功,还是追求社会功利方面的成功?"真热爱的人其实是无须选择的,因为他向来清楚。而另一些人本来就是充数的,迟早会离开。人的心态、目的、动机本就不同,至于选择和走向,一切都将自然呈现。感慨不感慨,都将如此。周国平先生是智慧的,名声地位职称学术于他都是小事,唯一的大事是做好自己真正喜欢的事。只有真喜欢,才可能真纯粹。

事实上,一个写作者,无法不回到内心,碰触到别人碰触或感悟不到的细小的神经。正是这细小和细腻,成就了文学。一个深入的写作者,通常都有一颗敏感的心。当写到《录音电话》,周国平述说了自己面对电话干扰的真实心情,以及装了录音电话后,又矛盾于录音电话给他人造成的不便,尤其是拨通了,发现是录音电话却欲说还休的电话,常让他牵挂不止:"那会不会是某个陌生的读者终于鼓起勇气想问候我

第一辑 虚空，无为

一声，或某个久别的朋友突然有了倾心交谈的渴望？在这个忙碌的时代，真兴致是不容易产生的，产生了是不应该错过的。"不知道为什么，读到这里，读到"真兴致"，竟然产生了深切的共鸣。这让我想起两件事，一是有一天我看到微信朋友圈的一条信息："我明天约了两个人，记不住是谁了，如果看到信息请提醒我一下。"本来我跟他也不熟，但忍不住留了言："这两个约会完全可以取消了。"因为我实在不能理解，一个连自己都记不住、连约了谁都忘了的约会，究竟有何意义？难道不应该取消吗？而这，于现实中却真的是存在的。而另一件事呢，也很有意思，一个朋友发现我是国勇的姐姐，对我说国勇是他的好朋友、好弟弟，但聊了半天，他不经意地说到他和国勇没见过面，我惊讶："您和他没见过面？"他说："应该没有，见面也忘了。"这又超出了我的理解范围：没见过面，记都记不清楚了，怎么就是好兄弟好朋友了？而事实又进一步发展到有一天，在另一个场合我碰见了这位朋友，由于第一次见面，他不认识我是正常的，为了唤起他的记忆，我介绍我是国勇的姐姐，但他反应迟钝，显然已经不记得国勇是谁了，迟疑了很久，他问我："你弟弟在哪上班来着？"那一刻我是彻底地折服了——我发现我真的是落伍了。落伍，但也并不孤单，像周国平这样的真诚写作和待人处事者，不也还在吗？而世界真的是不同了，固守真诚的我们在今天的社会似乎已显得木讷，所以周国平先生说得对："在这个忙碌的年代，真兴致是不容易产生的，产生了是不应该错过的。"我很多次不厌其烦地提到陈丹青书中曾经用过的一幅插图，它是20世纪30年代摄于毕加索画室的。我承认我被其中艺术家无为清谈的场景深深地吸引和感染——是因为那样的场景真的离生活越来越远了吗？这悄然的声息，还是被赤诚敏感的作家感受并捕捉到了。

在《生病与觉悟》一文中，周国平涉及了另一些内在而永恒的话题，在生病的特殊时刻，获得不同寻常的领悟。这和我当前的经历也颇为吻合。他说一个人突然病了，不是绝症，但也不是无关痛痒的小病，而是像定时炸弹一样威胁着生命的病。他会突然意识到，这个他如此习以为常的世界其实并不属于他，他随时都会失去这个世界，他一下子看清了他在这个世界上的可能性原来非常有限，这使他感到痛苦，同时也使他感到冷静。我联想到我在门口徘徊的那一刻，我只是觉得还有那么多的事情没有做，还有那么多的能量没有释放，那是一种说不清楚的感觉，却异常深刻。我不是在那一刻才领悟到周国平先生所说的"健康的全部价值便是使我们得以愉快地享受人生，其最主要的享受方式就是做我们真正喜欢做的事"。我庆幸于自己一直都在做自己喜欢做的事，一直都在聆听内心的声音，将自己喜欢做的事放在了优先的位置，从不曾浪费一刻的光阴，但即便如此，我发现时间依然是不够的，因为生命的能量总是源源不断，无休无止，无穷无尽……坦率地说，生病的经历并没有修正我的人生道路，而是更加坚定了自己的人生方向。其实一切不需谋划，那是一个自然而然的过程，就如流

第一辑 虚空，无为

水，就如花开。只不过于某一个偶然的契机里，让我们更加深入地洞见了这一切并得到无限的启示，陷入庄严的思考之中。在那样的时刻，我偶然看到杨海蒂女士在一篇评述史铁生的文章中说：一个人心灵的成长不仅仅需要时间，更需要命运的启示。而这启示，在我的感觉里就像神启，冥冥中像有一个慈祥的老者，试图借助一个不大不小的波折，告诉你生命的秘密和人生的真谛，为了让你的生命散发出更加明亮的光彩和生机——那是完成了无限超越的新一轮的焕发，无可限量，不可阻挡，承载、呈现着生命之大美。所以当读到杨海蒂在《我去地坛，只为与他相遇》一文中说"必须有大痛苦才有大深刻，有大深刻才会有大悲悯，有大悲悯才能有大智慧。智慧的人，懂得通过苦难走向欢乐"，刹那间竟引起了我深刻的共鸣。苦难从来不是苦难的目的，欢乐也不值得沾沾自喜，从苦难萃炼而出的欢乐才彰显了欢乐的本质，体现了真正的伟大。而从困境和波折中走出的生命，更带着无与伦比的美和不可限制的力量。

体验了人生变故和无尽痛苦的周国平先生说："苦难者的体悟毕竟是有着完全不同的分量的。"这其中，却有着许多我不敢、不忍涉及的内容，比如他的妞妞，是我始终都要绕开的。不要让苦难，更加苦难。

文学是一个内在的事业，较之于出外观光等章节，书中内在的部分亦似乎更为吸引我。读到与自己性情接近处，还会感觉无比亲切。比如他喜欢在长途火车上的那一份冥想的心情；比如，他反感每会必到、滔滔不绝的议论家；比如，他反感媒体或个人"为了卖个好价钱"试图于一夜之间吹捧、包装、炮制出闪闪的明星；比如，他常常意识到自己性格与社会现实的格格不入；比如，他常常用读书来打发时光……这都让我感觉熟悉。他说人应该具备两个觉悟：一是勇于从零开始，二是坦然于未完成。让我想到去岁今初，自己的生命仿佛清零重启。他说人一生中应当有意识地变换环境，能否从零开始，重新开创一种生活，这是测量一个人心灵是否年轻的可靠尺度。当下我正面临这样的选择，而不容分辩的是，的确不如从前果断了，这也是时间的力量吗？他说，人是难变的，走遍天涯海角，谁什么样还是什么样，改变的只是场景和角色。说一个人的悟性是天生的，有就是有，没有就是没有，它可以被唤醒，但无法从外面灌输进去。我想是的。书本和生活，不时地穿插感应，思绪不时地跳跃，镜头般拉近或拉远，而这是一个多么迷人的下午，多么惬意的存在。生活，哲学，书籍，人生，在那一刻交汇，交融，浑然一体。周国平先生说，在精神生活的最深处，原本就无所谓哲学与文学之分。而无论哲学、文学，乃至任何一个学说派别，在至深至高处都是相通的。常常感到生命中有一种超拔的东西。

而文学，本身就是与生命合而为一的。闲暇的时光，听听如此的絮语，也是一种享受。

（《街头的自语》，周国平著，上海三联书店，2012年12月第1版第1次印刷）

2016 年 4 月 10 日

站在哲学的高度
——读周国平《经典的理由》

《经典的理由》,是周国平先生的一些阅读心得和对人生的思考,兼及诗和哲学,于闲谈中阐述自己的思想。

研究哲学的他,自然少不了哲学的内容,他按照自己的理解,将苏格拉底、康德、叔本华、尼采、罗素等大哲学家的思想和智慧提炼出来,再加进去自己的思考与我们分享,让我们结合自己的人生体会去咀嚼,从而引发新的思考,带来新的启迪。从苏格拉底,他领悟到哲人之为哲人,不在于灵魂死与不死,而在于不管灵魂死与不死,都依然把灵魂生活当作人生中唯一永恒的价值看待,据此来确定自己的生活方式,从而对过眼云烟的尘世生活持一种超脱的态度。同感于罗素的崇尚科学而不迷信科学,他认为爱与科学,爱是第一位的,科学离开爱的目标,便只会使人盲目追求物质财富的增值。在现代生活的快节奏下,他主张恬然沉思和温柔地爱他人。从加缪的《反抗者》中,周国平看到加缪"恰恰是要为生命争得一些远比政治宽阔的视野"。领略到一个人未必要充当某种历史角色才活得有意义，最好的生活方式是古希腊人那样的贴近自然和生命本身的生活。

即使读小说或童话，周国平也习惯于从哲学的角度去思索，通过捷克作家米兰·昆德拉的小说《不能承受的生命之轻》，他探讨虚无与偶然，"我喜欢哲学和诗，但我愈来愈感到，真正哲学式的体悟，那种对人生的形而上体验，不是哲学命题所能充分表达的。真正诗意的感觉，那种不可还原的一次性感觉，也不是诗句所能充分表达的。"人生的实质很轻很轻，像影子一样没有分量，使人不能承受，唯有少数人怀着贝多芬式"非如此不可"的决心，从一种坚定的信念出发做出决断，"有大使命感的人都具有形而上的信念"。然而，"在人生中，只有死是必然的，其余一切均属偶然"。从笛福的《鲁滨孙漂流记》，周国平想到世上种种纷争，或是为了财富，或是为了教义，不外乎利益之争和观念之争。但是，"我们将发现，我们真正需要的物质产品和真正值得我们坚持的精神原则都是十分有限的，在单纯的生活中包含着人生的真谛"，"人最接近上帝的时刻不是在上帝向人显示奇迹的时候，而是在人认识到世上并无奇迹却仍然对世界的美丽感到惊奇的时候"。而圣埃克苏佩里的《小王子》，在周国平看来讲述的就是一个人生信念——像孩子那样凭真性情直接生活在本质之中。本国的作品，王小波"调侃中有一种内在的严肃，鄙俗中有一种纯正的教养"，他看到他真正捍卫的是个人的精神自由。孔子于一般

第一辑　虚空，无为

人"入世"的理解中，他看到他依然有着他自身的洒脱。

诗人是他关注的另一个群体。而诗，也离不开哲学。从苏东坡以及众多大诗人，周国平大谈美感——是的，所有从事文学、艺术的人都是不能缺乏美感的。"美感在本质上的确是一种孩子的感觉。孩子的感觉，其特点一是纯朴而不雕琢，二是新鲜而不因袭。""一个执着于美感的人，必须有超脱之道，才能维持心理上的平衡。愈是执着，就必须愈是超脱。这就是诗与哲学的结合。凡是得以安享天年的诗人，哪一个不是兼有一种哲学式的人生态度呢？""哲学是诗的守护神。只有在哲学的广阔天空里，诗的精灵才能自由地、耐久地飞翔。"近来，我才逐渐地领悟和体会到哲学的意义和分量。文学与艺术中皆有哲学，有对人生和生命的感受和感知，思索与追问，也许这就是周国平先生强调的"哲学的底蕴"。那原本是人生无法回避的命题。他在书中也有一些作为思想者的智慧与感悟。

在书中他还谈了阅读的体验、为何要阅读名著和经典、怎么读名著经典。周国平说："读名著原是为了获得享受，在享受中自然而然地得到熏陶和教益，而刻意求解的读法往往把享受破坏无遗，也就是消解了在整体上受熏陶的心理氛围。"对于什么叫好读书和读好书，周国平说："严格地说，好读书和读好书是一回事，在读什么书上没有品位的人是谈不上好读书的。所谓品位，就是能够通过阅读而过一种心智生活，使你对世界和人生的思索始终处于活泼的状态。"在一个喧嚣、浮躁的社会，他主张应有更多的闲暇用来阅读经典，甚至将此看

·67·

作关乎生活品质的重要之事。在这一点上我和他有共鸣，休假的这段时间，我的生活就是读书、写字、画画三件事。

在《散文这一种作物》一文中，周国平先生说："我常常被视为一个写哲理散文的作家，坦率地说，我自己对此并不引以为荣，而只感到无奈和遗憾。以我之见，土地的吟唱比天空的玄思更加符合散文的品格，真正的好散文应该是亲近自然的，它也是土地上的作物，饱食着阳光和泥土的芳香。今日散文的现状却是上不及天，下不着地，同时失去了空灵和质朴。我的担心是，有一天，梭罗、普利什文、沈从文都将成为人们读不懂因而也不感兴趣的古董，散文家们纷纷大谈网上奇遇、高速驾车的快感或者都市里的夜生活，那必是散文的末日。"

（《经典的理由》，周国平著，广西师范大学出版社，2001年10月第1版第1次印刷）

2016年5月25日

让光和美照耀人类前行
——读顾城《顾城哲思录》

"你，/一会看我，/一会看云。/你看我时很远，/你看云时很近。"（《远和近》）有时候，陡然再遇见某个名字的时候，他的话语或诗句会于刹那间清晰地浮现于脑际，一个已然逝去的时代亦于刹那间跟随而至。在机场偶遇顾城的哲思录，距离这个名字，恍惚间感觉已有些遥远。

打开书，看到诗人说："我想当一个诗人的时候，我就失去了诗。"谁说不是呢？全然的纯粹，只是剥离所有的外在，直达事物的本身。放下一切目的，该来的将不期而至。"对于一个真心来说，写不写诗是一样的。"它并不需要停留在诗上，也不需要留住诗或强迫诗的发生，有则有，无则无，那是一个再自然不过的过程，无须给它附加任何的意义、目标或方向，它自然有着它自己的方向。诗不是作出来的，文也不是写出来的，是于生命和血液里流淌出来的，写不写诗，作不作文，生命和血液都在那里，没有改变。诗人从来不是诗的目的，诗没有目的。"写作就是这样一个自然的事情。你心里有情感之水、生命之水，它要流淌，就这么简单。"

想起早些年在学校，那些从心底喷涌而出的"诗句"曾被记在那么多的小纸片上啊，无论是课上的一个瞬间，静心独处的一个刹那，还是无数个忧伤抑或欢喜的时刻，一行行灵感推动的"诗句"就会突然间跳跃而出，成为"哗哗"写出来的所谓的"诗句"——与其说是诗句，不如说是天书——那是从天而降的东西，不是思想出来的，不是酝酿出来的，是天然就在，择机而发，如花的开放，鸟的飞翔。顾城说，在诗歌发生的时刻，不是语言去驾驭诗，而是诗于刹那间创造着语言，是一种无以阻挡的气息从生命中汩汩流出，开花结果，自然而然。"越是纯诗其语言的一次性便越是绝对，字字不可替不可动。"文章天成，一字不可更改。我相信顾城的话："一个艺术家做艺术是不可避免的。就像一棵树，它就要这样长一样。"天才、天赋的艺术家皆如此。孔子说："生而知之者，上也；学而知之者，次也。"（《论语·季氏》）我不怀疑天赋的与生俱来、生而知之。如顾城接受正规的学校教育只有三年，他的诗歌不是来自书本，不是来自社会，不是来自教育，那些语句是那样的不期而至，在一个不经意的刹那，在梦中，在任何一个未知的时刻……他无法总结，无法归纳，而一切就在那里，就是如此。正如他在开篇所写："一个彻底诚实的人是从不面对选择的，那条路永远清楚无二地呈现在你面前。"是的，生命中从来就有着一条线索，一条脉络，从来，我们都

第一辑 虚空，无为

知道自己从哪里来，到哪里去，光明通透。没有什么要去选择，没有什么要去追寻，冥冥之中，有着神的安然的指引。他说："人是一个导体，在神灵通过时放出光芒。"他的诗，便是神通过时留下的印记，是天赐之作。我完全同意"完美的哲学和艺术一概达到了'给予'的宗教境界，却不是宗教，因为它从一开始就不抱这个初衷，它干干净净，就像光没有黑暗，所达即至境，宗教也难以企及。"但想必这不是所有的人都懂得、都能心领神会的，知之者知之，不知者不知，就像奥修所说：要么你知道，要么你不知道，无法翻译。因为天才和天赋，毕竟是少数人的事。当你知遇了顾城，你就会抛开他疯狂的行径，从他尘埃般的细微思绪里得到他的照耀。

　　自然界的每一个物种，都有它独特的品性。在顾城看来，"诗言志"的"志"，不是"志向"，而是"自性"。诗人顾城懂得的很少，有些不谙世事，他也无须懂得那么多，诗人，就是顺着自性生长。他听不懂诗歌的研讨，也听不懂诗歌的理论、构造、形式、主义，在他的笔下，他的心里，只有一行行带着生命热度的诗句不期而至。他不知道哪一天发生，也不知道哪一天停止，那不是文坛不是诗坛，不是历史的陈列，而是鲜活的心灵和血液的涌动，是此一刻、彼一刻真实的呼吸。他说："我觉得我最初跑到诗里去，原因也可以说是反感名利崇拜的世界。在真实的世界里，一个太阳和一片叶子各有特点，没有高下，它们都是宇宙变幻中的一个现象一个瞬间，都是丰富美丽独一无二的。"真的作家、诗人、艺术家皆有这种平等的齐物之心，他将自己如一粒沙尘般融入到万物之中，用另一个视角看世界，看人生，在细微处，体会万物之美。所以诗人的诗是"长"出来的，而非"做"出来的，就像春天的小草拱出地皮，带着一种自生的力量。

他读诗、读喜欢的文学作品，却不读文学史、文学理论；他读过的文字，他只将它们分作两类：我自己的和不是我自己的。他不记作者，不记年代，不记一切"附加"和"外在"的东西，和他的诗歌一样，他直抵"本质"——这是一个诗人的鲜明特点，一个诗人不可或缺的纯粹特质，少了这份纯粹，诗人将不是诗人。当然，天赋的诗人不是要成为诗人，而是不得不成为诗人。那是一种无法阻挡的气息，是一个轻易的过程。

顾城说："真正的诗是超越年龄、时代的，因为它来自真切的生命，而生命是相通的。"像诗歌，这些平易、朴实和本真的东西，于我是接近的。何止是诗歌，包括诗歌在内的文学、艺术和一切美的东西皆如此，均带着某种超脱或超越的气质。而实际上，诗歌萧条、没落的时代，对于诗歌乃至文学本身也并非全是坏事，凑热闹的都走了，真热爱、用生命和血液去践行的留了下来——而只有少数的这些人，才是诗歌乃至文学的未来和希望。保有诗歌在心里，是多么幸福的一件事！知之者知之，不知者不知。在读诗的时候，我发现自己与诗有着深厚的情缘，与之同在的时刻，无比欢喜和自在。这样的时刻，难道不该被郑重地记取么？

谈及诗歌这样冷门的话题，今天的我，为何依然激情澎澎？我扪心自问，一个来自心灵的声音告诉我：是的，是什么，你就该归于什么。那何尝不是一种幸福的感觉？

我将这些乌托邦的话语发朋友圈，一个画画的师兄看到，说："水墨画也冷清。你的这些喜欢、爱好若坚持都是充满艰辛的路……"我回复说：人的视角和感应真的不同，我觉得我喜欢的东西，都是美的东西。如若真喜欢便不会觉得艰辛，体会到的恰是无关境遇的、由衷的喜悦，这喜悦不会随文学或艺术自身的状况而改变。因为本来无目的、不追求，可能它只是自性中一个天然的存在吧。其实水墨画冷清与否关系也真的不大。当然，可能这就是专业和业余的不同。真喜欢的东西，我愿意将自己设定在"业余"的位置，这样更纯粹，更享受。是"享受"，而非"艰辛"。如若艰辛，那就放弃吧。师兄又说："在北京那边寻求，不容易。"而我觉得我从未"寻求"过什么。很多的时候，人是可以按照他自然的本性伸展的，而这个过程，是全然喜悦的。就像以前有人看到我早早起来读书、写字、画画，说我好"勤奋"，我觉得那全然是一种误解，因为他们没有看到和体会到那个过程是那么愉悦，否则我们为什么要做呢？

而每一个人，都有他自己的奇异的世界，我们无法追寻他人的足迹，只需在自己的世界里开花和经历。比如同样自诩对于梵·高的"懂得"，顾城说他在真正遭遇精神崩溃的时候"看懂""看见""真正懂得"了梵·高的画，而自认为与梵·高深切相通的我正相反，我是在平静和喜悦中遇见和"懂得"的梵·高。让我们只遵循来自我们自己内心的声音，就如诗人，只能写出他自己的诗歌。而生命的每一种性状，都是美的，都值得我们驻足欣赏、品味或经历。

"你看远方的时候 / 我看着你的背影 / 你回眸看我的时候 / 慌乱中我看天上的云。"这是许多年前的"诗句"，影影绰绰，谁说，这里面就没有顾城的影子？一个生命将不知道以什么样的形式，潜移默化地影响和渗入到另一个人的生命，这也是一件神奇的发生吧？静心体会，许多美好的发生都在悄然而至，我们不须着急，甚至不须等待。

在那个诗的年代，诗人顾城，曾经深刻地影响过我。今日重读，依然能找到精神的契合点，从诗而至"哲思"，改变的也许只是形式，未变的是那个精神的内核，是附着在文学、艺术、哲学之上的美的光泽。我们本不必为文学去做什么，而我却始终相信，文学所承载的人性的光和美，将永远照耀着人类幸福地前行。

（《顾城哲思录》，顾城著，重庆出版社，2015年8月第1版第1次印刷）

2016年3月9日

冯友兰,源自东方的观照
——读冯友兰《中国哲学简史》

阅读哲学是需要契机的。是在年初身体不适休假在家的几个月里,接触了一些哲学书籍,除了柏拉图、马可·奥勒留·安东尼、爱比克泰德、西塞罗、叔本华等西方哲学,尤其斯多葛派颇合我心外,当然也包括中国的老子、孔子、庄子、列子等等,经过一番思索和感悟之后,今日再读冯友兰的《中国哲学简史》,似乎更能帮助我以及像我一样的读者获得"了然于胸"的宏观把握——无疑,这本哲学史体现了哲学大家冯友兰先生的深厚学养和独特眼光。

阅读本书是在伯特兰·罗素的《西方的智慧》之后,两相对照,便变得更加有趣。这本《中国哲学简史》和《西方的智慧》在视野、学养、观念、治学精神等方面有着许多相像之处,体现了两位大家在东西方哲学研究方面的杰出贡献,就"水平"而言,我的直觉是"旗鼓相当",而两人又几乎处于同一个时代,在北大还曾有过一次面对面的交集,因此,更感觉这两本不可多得的哲学史（当然，更能体现冯友兰先生哲学思想的，也许不是这本"简史"，而是他的《中国哲学史》）放在一起，有着某种"中西合璧"的美妙。的确，在探讨人类发展、汇总思想成果或进行文化创造的过程中，融合比对立更有意义。当然，我写这篇读后感不在比较，而是学习和致敬。孜孜以求的学者、大家于文化史上的每一点贡献都是值得致敬的，何况是从研究视野上统揽了两千五百多年的扛鼎之作。

和罗素从史前写起一样，冯友兰先生的视线也延伸至了中国哲学的源头和发端，从各家的起源，到深入地剖析阴阳家、儒家、墨家、名家、法家、道德家，以及后来的新道家、新儒家，乃至裹挟其间的佛教、道教、禅宗，以哲学家的眼光提炼出中国哲学以及每个学派的精神和精髓，关注到各派思想的延续性，同时又分析论述了同一学派之中的不同派别，个人觉得，《中国哲学简史》于宏观把握之外，在细微处，亦体现了大家的风范，其中有深厚的学术积淀，有温暖的人文情怀，也有来自天性的同理心。他告诉我们于典籍中曾经感悟到的，以及不曾感悟到的，给予我们启迪。这本书虽然简明，却是一个庞大的体系。正如罗素在《西方的智慧》以及众多大家在他们的著作中流露的对自身天性的自信，冯友兰先生在这本《中国哲学简史》中流露了同样的自信。而这些值得自信的品质，是能被作为读者的我感觉到的。

罗素在《西方的智慧》中梳理了西方哲学发展的脉络，冯友兰的这本《中国哲学简史》也是顾名思义，讲中国哲学的发展，西方哲学的发展史因与科学史和宗教史相伴而生而显得更加复杂。冯友兰在论说中国哲学史时，不时与西方作比照，在"中国哲学的背景"一章中还专门分析了希腊作为西方文明发端的海洋国家和中国作为大陆国家的不同思维偏向："我们还可以套用孔子的话，说海洋国家的人是知者，大陆国家的人是仁者，然后照孔子的话说：'知者乐水，仁者乐山；知者动，仁者静；知者乐，仁者寿。'"（《论语·雍也》）也许这是他彼时身在西方、此书最早也是以英文写就的缘故吧，他需要尽可能地以西方的语言和思维去作诠释，虽然他认为中国哲学实际上是无法翻译和诠释的。西方给哲学的定义是"爱智慧"，冯友兰说："哲学是对于人生的有系统的反思的思想。"不管如何定义，哲学对于人生和社会的推动却是如线索般贯穿始终的。现代社会不缺少聪明人，而"聪明"和"智慧"还是有着本质不同的，"小聪明"当然更不必说了。

其实早在20年前，我的书架上就已有了冯友兰先生上下两册的《中国哲学的精神》，但20年前，年轻的我尚没有真正地用心、也没有足够的经历去关注和把握哲学，今天，书架上的两本《中国哲学的精神》也只剩下了一本，《中国哲学简史》适时地弥补了这个功课。

想起它最早以英文写就、是在西方发行的，真不知道西方的读者捧在手里，又会作何反应？

（《中国哲学简史》，冯友兰著，北京大学出版社，2013年1月第1版，2015年4月第15次印刷）

2016年12月20日

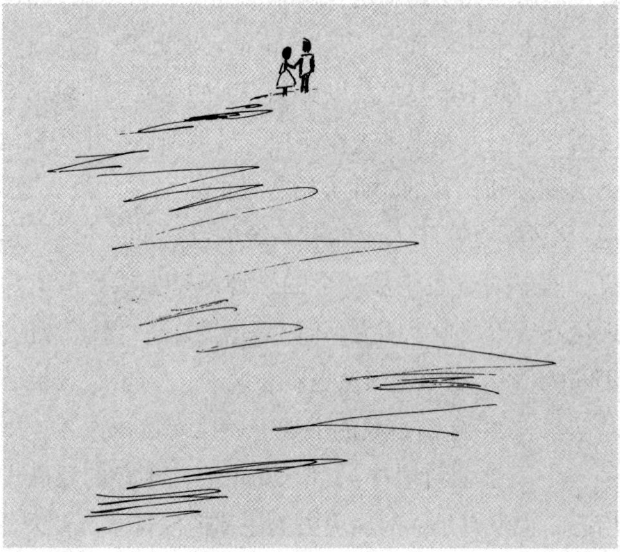

第二辑 觉知，觉醒

将自身放置于天地万物之间，只不过一滴水珠，一粒微尘，世界上的很多事情本无足轻重，大自然的和谐永在。我们只须在一滴水珠里，照见纯净的底色，现出清澈的模样，在一粒微尘里，开出绚烂的花朵，放出璀璨的光华。顺应四时，悦纳所有。

化为天空，得千万只眼睛看着你
——读柏拉图《柏拉图对话录》

"柏拉图对话录"，通篇没有柏拉图，是苏格拉底与欧梯佛洛、克里同、费多等的对话录，以及苏格拉底自己的辩护词。而柏拉图作为一个记录者，却从另一个角度成就了他自己和苏格拉底，让哲人苏格拉底的思想和事迹名垂千古。

在雅典，智者苏格拉底四处和人探讨哲学，在市场，在市政厅，在体育馆，在路边树下、溪边草坪，他将他知道的或得到的启示告诉人们，将人们的目光从物欲引向心灵，从无耻引向道德，从邪恶引向正义，引导人们去探究真善美的基本原型和绝对标准，帮助人们从纷繁万象中看清事物的本质。他怀着良好的用心，在神的感召下传播他的思想和哲学，期待着一个更加明亮更加美好的崭新世界，然而，在他七十岁的那一年，却遭到一时得势的政客诬陷，被蒙上破坏宗教、败坏青年的罪名而接受审判，去面对从天而降的劫难。这本《柏拉图对话录》就是可怜的老苏格拉底殉道前的从容思辨。

　　苏格拉底一生追索哲学，在他看来这是他在接受神示，是神的感召成就了哲学家苏格拉底。在一个偶然的机缘里，苏格拉底从一位女祭司那得到谕示，说他是世上最最聪明的人，他迷惑不解，因为他并不认为自己聪明，故按照谕示去官员、诗人、工匠等各行各业的聪明人当中去寻找，试图找到一个比自己聪明的人，以解除这番困惑。但那些"聪明人"一个个让他失望，在有名的官员那里，他发现"我们两人其实都不知道什么是美，什么是善，但是他虽然不知道却自以为知道，而我虽然不知道，并不自以为知道。在这一点上，我至少比他聪明。因为我并不以不知为知"。在著名的诗人那里，苏格拉底发现诗人写诗也并非靠聪明智慧，而是靠天分和灵感，"同时我又发现这些诗人，因为自己写了诗，就自以为在其他事情上也聪明得不得了，其实不然。我终于自认为高他们一筹，离开他们"。在能工巧匠那里，苏格拉底发现他们因为手艺好，每个人都自以为在其他重大事情上也非常聪明，这个糊涂的想法蒙蔽了他们的智慧。遍访并得罪了很多人之后，他发现越是名气大的人越蠢，名声不大的人反而比别人聪明，同时他也看到了神谕的真义，"神只是利用我的名字，拿我做个例子，就仿佛是说：人啊，真正聪明的人是苏格拉底那样的人，他知道他的智慧实际上是微不足道的"。跟随指引，他决定做回他自己。

　　除了三次兵役，他终生不离雅典，不顾贫穷和困顿，怀着想到便说的直接坦诚，追求天理和正义，穷究人生和生命的真义，他影响了一批人，也开罪了一些人，审判席上，他影响的那些人想要拯救他，他开罪的那些人想要消灭他。而他，却是镇定自若，不为任何一方所动，在法庭，在监狱，在任何的一个地方，他只迷恋哲学，只信奉真理，只追求道义，为之生，为之死，而生死却都被他置之度外。通过变通的手段，他本来可以不被判处极刑，通过朋友志愿的帮忙，他本来可以轻而易举地逃亡，但他最后说服了朋友，将德行、道义、人格、灵魂看得高过了一切，用生命践行了始终如一、至善至美的苏格拉底。

在生命的最后时刻，他从容不迫地跟朋友谈生命、肉体和灵魂，谈灵肉分离，用大量的篇幅和通俗的语言证明灵魂不灭，思维依然那么缜密，逻辑依然那么清晰，不让朋友存有一丝一毫的顾虑，同时也使自己更加深信不疑，直到朋友再无问题和疑虑，他才"安心"远去。他认为人存在"天生知道某些事情而且终身未忘"的可能，这不仅符合凡人的品性之中"与生俱来"的生命经验，和中国古圣人"生而知之"的思想难道不也是一种默然的呼应吗？比苏格拉底早了一百年的两千五百年前，孔子说：生而知之者，上也；学而知之者，次也。老子亦说：不出门，知天下事。这些均是凭空而来吗？不被人们认知的领域毕竟还有很多很多。在此基础上，苏格拉底又谈到肉体的易腐和灵魂的永恒，当谈及"转世"之时，我们则又看到了其与佛教的汇合点……东西方古老哲学，相互印证，大概是基于人类共同的生理构造和心灵认知。

论证之后，苏格拉底以"闲谈"的方式向身边好奇的年轻人描述了世界的样子：首先，大地是浑圆的，居于天宇中央，就无须空气或类似空气的任何力量使它不坠落，它本身的均衡和天宇四方的均衡，就足以将它托住。其次，大地幅员辽阔，我们只不过是住在大地极小的一块地方，像是住在池塘边上的青蛙和蚂蚁而已，还有许多民族住在其他这样的地区。那大地如果从上面看去，竟像是由十二块皮子缝成的皮球，每块皮子都是一种不同的颜色，那种颜色在我们看来，就像是画匠用来找颜色的样板。而那儿的整个大地就是这些五颜六色，比起我们这儿的颜色来，更鲜艳更纯净。那个美好的大地产物，无论树木花果，都具有与其本身相称的美，一山一石无不如此。那里的野兽很多，还有人类，或住在内陆，或住在大气的岸边，如同我们住在海边一样。还有住在岛屿上的，岛屿四周被气流所环绕，离大陆都不甚远，他们那里有众神的圣林圣庙，众神居住其中，那里的人可以用语言、预言、视觉与众神直接沟通，他们看到的日、月、星辰更真实，在各个方面他们都享有和那环境相称的幸福生活。

聪明而博大的苏格拉底啊，他像往常一样和年轻人讨论、聊天，全然忘了那是劫难即将到来的时刻。而在离开之前，他对朋友克里同说的最后一句话竟是："克里同，我欠埃斯克拉庇斯一只鸡。别忘了还这笔账。"可怜的老苏格拉底，这个哲学的殉道者，在生命的最后时刻依然用行动践行着自己的哲学。费多在目睹了一切之后，在对话的结尾说：在当代一切人中他是我们所认识的最善良、最有智慧、最正直的人。

相对于散文，哲学读起来显然有些沉重。读完感觉心里酸酸的，无论是苏格拉底，还是书的翻译者（这书被水建馥先生译得唯美又典雅），都已不在人世，只在前言后记中留下别人的怀念文字，和其通过译笔传递给我们的文字的美感和思想、道德、人格的力量。感动，感恩。斯人已逝，而世间的美，依然带着穿越时空、跨越生死的无限能量，与苏格拉底、与水建馥、与一切美和道义的追随者相呼应。

而柏拉图呢？那个默默记叙的柏拉图呢？译者于序中提及的他的一首诗亦将我们引向无限辽远和浩瀚的境界："我的星，你望着群星，我愿/化为天空，得千万只眼睛望着你……"

（《柏拉图对话录》，柏拉图著，水建馥译，商务印书馆，2013年10月第1版，2015年9月第3次印刷）

2016年3月20日

西方的视角
——读依迪丝·汉密尔顿《希腊精神》

最近读国学经典,《老子》《庄子》《列子》《中庸·大学·论语》等,正当陶醉于老祖宗留下的隽永遗存时,美国人依迪丝·汉密尔顿的《希腊精神》,给了我许多新的收获和启发,不但使我对于希腊精神,以及由此发端的西方精神有了更深的了解和思考,更给我的认识开启了一个新的视角,在自身所处的世界之外,让我们看到不同的存在。这个视角,就是西方人的视角。

几月前在读到丹纳《希腊的雕塑》时,就曾被古希腊人的单纯、明亮所吸引,被爱琴海和地中海边希腊古城邦的绝美风光所吸引,傅雷先生的译笔更是给乐观、开朗的古希腊人增添了许多美丽的光彩,自那时起,对于希腊便有了一份由衷的好感。依迪丝·汉密尔顿笔下希腊的美不亚于丹纳所述,在气质秉性上与丹纳的希腊有着不可分割的内在联系。只是,在希腊人活泼欢快、睿智优雅等诸多性情品格之中,依迪丝·汉密尔顿抓住了"自由""理性"这两个根本点，由此说开去，并将之认定为希腊精神乃至整个西方精神的起点和实质。

在依迪丝·汉密尔顿看来，希腊之前，无论东方还是西方，都是精神主宰的世界，是希腊——这"最早的西方人"给世界带来了全新的东西。"我们西方人所谓的对现实世界的事物的观察和思考，在东方不受任何重视。这种价值观源自远古时代。在希腊人诞生于其中的那个世界中，理性的作用是微不足道的；那个世界中所有重要的事物都属于那不可见的领域、那只有精神才能了解的领域。"依迪丝·汉密尔顿以埃及为例，分析了埃及乃至整个亚洲为何更加在意精神的世界，更加看重死后的归属，她认为唯一的解释就是对现实苦难的逃避和逃避之下的精神寄托，"对于无法逃避的现实，东方人便否定这些现实有任何意义和价值，这样，他们就获得了能使他们忍受下去的力量"。在依迪丝·汉密尔顿看来，在非理性占主导地位的古代世界中，希腊人成为理性的首倡者，理性，也因此成为希腊的标志。然而，理性与非理性之间，希腊人并未走向极端，而是始终把握着平衡，在注重理性的同时，又保持着精神的蓬勃生机。正是这精神力量和理智力量的融合与平衡，才使它在文学、艺术、政治、哲学等各个方面都取得了卓越成就和难以企及的高度。然而希腊之后，直至今天，"西方世界既没有全然走上精神的道路，也没有全然走上理智的道路，而是在两者之间摇摆不定，时而坚持这条道路，时而又坚持那条道路，从来没有最终放弃任何一方，然而也没有能力将两者协调起来"。而协调和平衡,却是古希腊留给世界的重要遗产之一,她希望能够引起现代人的注意,让人们知道理性和感性不是对立的,"诗的真理和科学的真理都是真理"。因为她所看到的,是不无遗憾的现实:"我们最大的成就,也就是我们这个时代的标志,是科学,但是现代科学和希腊时代的科学不一样,它只注重理性,在这个领域内,规律和例外、个体和一般之间的平衡只是这个理智层面上的平衡。精神并没有进入这个领域。至于我们的艺术和我们的文学,我们从中感觉不到任何确定的东西。"

  在自由的问题上,她更是用大篇幅去陈述,自由,可以说就是本书绕不开的灵魂。在分析奴性和自由产生的背景和基础时,她说:"从君权产生的时候,对君权的绝对服从就是古代社会的生活准则,这个准则此后在亚洲甚至一直延续了许多个世纪。"然而古希腊史学家希罗多德的史书中却写道:"他们只服从法律",依迪丝·汉密尔顿说:"我们可以从这句话中看到一种全新的东西。自由的信念开始萌生了。"而这个信念,在日后成为希腊人不可动摇的信仰,一路带领他们走向成功和辉煌,他们不要任何专制的君王;而没有了束缚他们的主人,他们就可以自由思考。开天辟地以来,思想第一次获得了自由——一种甚至今天也难以实现的自由。他们的文学、艺术、哲学、政治,都是为了自由!在战争史上,更是出现了意想不到的奇迹,在为自由而战的关键时刻,更是表现出难以想象的果断和英勇。希波战争这场典型的以少胜多、以弱胜强战役的胜利，在依迪丝·汉密尔顿看来全然就是自由的胜利，是西方不为东方所奴役的胜利。她说，波斯国王大流士就是东方的化身，"在东方各地，人们只知道暴君的声名"。要一个东方的君主符合色诺芬著作中一位将军的形象是非常荒唐的，而那位将军完美地体现了希腊人如何设想使那些最独立、最自主的人愿意追随另一个人的办法，他说："一个领导者自己必须相信自愿的服从一定胜过强迫的服从，而且只有真正清楚应该做什么，才能获得别人自愿的服从。"而希罗多德笔下坦然释放叛徒孩子的斯巴达将军亦令依迪丝·汉密尔顿感慨，她认为斯巴达将军之所以这样做，"不仅仅是因为他相信无辜的人不应该受到株连；更为基本的是他坚信每个人的价值，不管他们多么弱小甚至不能自卫。东方社会从来就没有过这种观念"。

希腊人的自由体现在个人主义，而其个人主义又与集体主义自然联结，"雅典人就是他们自己的法律，但是他们独立自主的强烈愿望和他们为国家竭尽全力的愿望相辅相成。这就是他们对生活的实际的自然反应，没有任何东西是外界强加给他们的"。虽然这种平衡只维持了很短的时间，但仍然是希腊取得伟大成就的基础。"民主，所有人的精神上和政治上的自由，每个人都自愿成为城邦的仆人这个信条是所有希腊的天才们的思想基石。这个信条在伯里克利时代被人们追求金钱和权力的热潮大大地挫伤；伯罗奔尼撒之战争使之荡然无存。然而，自由的个人自发地团结在一起，为公众生活贡献力量，这个理想已成为我们这个世界富贵的财富，并将永远铭记在人们心中。"

  在东西方比较的问题上，依迪丝·汉密尔顿提供了一些新的角度，不能说其观点全无偏见，东方和西方，在人性以及人类的终极目标和方向上，我相信依然能够找到恒在的汇合点。而在思想细节上，古希腊诗人品达"有生之人成长的欢乐时光如此短暂，绽放的花朵也因严酷的命运很快就凋落枝头。朝生夕死，不知晦朔。我们是什么，我们又不是什么。人生无非是幻影之虚梦"的感慨不是暗合了东方"如露亦如电"的佛家思想吗？雅典历史学家色诺芬《长征记》所记的雇佣军万人大撤退，一万名天生独立的人在弹尽粮绝、将领牺牲、没有法律约束的情况下，向世人证明了他们能够完善地协同作战，证明了自愿合作所带来的奇迹，"他们的纪律完全是出于自觉，可这居然很奏效"。这不就是老子、庄子、列子所说的无为而为、不治而治吗？家学渊博的依迪丝·汉密尔顿，作为一个美国人，对于中国文化也未必有太过深刻的了解，其"在东方，精神是自由的，也是唯一自由的东西，它可以不受限制地发展"等判断也不一定十分准确，但她的确让我们了解到，世界上还有一些不同的看法，不同的思维和行为方式，无论我们认同还是不认同，这些看法和行动客观存在。在这个问题上，我认为该书主编陈映真先生说得中肯："心怀景慕，从多种精神传统中汲取心的光华与智的能量，是现代人，尤其现代的中国人当行之道。更多了解，更多景慕，不囿于粗陋框架中的中西之争，岂不善哉。"

依迪丝·汉密尔顿还通过对希腊哲学家、剧作家、历史学家、诗人及其作品的深入分析，进一步阐述希腊精神，突出希腊人的特点和风格，这些哲学家、剧作家、历史学家和诗人如柏拉图、苏格拉底、埃斯库罗斯、索福克勒斯、欧里庇得斯、希罗多德、修昔底德、色诺芬等本身就代表了希腊精神，在依迪丝·汉密尔顿的笔下更是深具个性，"希腊的最后贵族"品达、"普通的雅典绅士"色诺芬、"典型的希腊人"索福克勒斯、第一位旅行家希罗多德都被她解读得深刻细腻，在分析三位悲剧家的个性、情怀之时，更是摘引其作品中大段的剧情加以对比说明，其深邃的洞察力、敏锐的感悟力、清晰的思路、优雅的文笔令人信服和敬佩，清晰简洁、流畅无碍的翻译更给原著增添了许多色彩。有思想，有见地，有文采，这是不可多得的一本好书。

意犹未尽，当当网上今日下单，又买了她的《罗马精神》和《希腊的回声》。

（《希腊精神》，依迪丝·汉密尔顿著，葛海滨译，华夏出版社，2014年1月第1版，2015年11月第3次印刷）

2016年5月8日

罗马，一座沧桑的城
——读依迪丝·汉密尔顿《罗马精神》

编者在本书导言中说："西方文明主要由希腊、罗马、希伯来、基督教汇流发展而来。希腊、罗马代表此岸理性，希伯来、基督教代表信仰。在艺术、文学、哲学、科学等精神领域，希腊人创造了无尽的奇观。在政治组织的艺术方面，在世俗生活的文明方面，罗马则为后世提供了辉煌的典范。"

虽然就我个人的感觉而言，依迪丝·汉密尔顿的这本《罗马精神》总体上没有她的《希腊精神》精彩（留下如此的印象，究竟是由于作者偏爱希腊，对希腊研究更多、更有感觉，还是因为与罗马相比，希腊自由、明快、优雅的风格更吸引我？不得而知），但《罗马精神》依然有它自己独到的角度。在写作这一本时，依迪丝·汉密尔顿仍然说："我的阅读只是为了我自己的兴趣。"而这，恰是本书最值得重视和信赖的立场和出发点。世人对于学问的研究，再没有比受兴趣指引更客观更纯粹的了，缘于兴趣的探索也更易于接近真相。

虽然隔着千年的尘烟，历史真相无论如何也无法真正还原了，但透过历史遗存，仍能窥见彼时的一些信息。文学作为人类最宝贵的文化遗存之一，是依迪丝·汉密尔顿回望罗马的重要依据，她说，"一个民族的文学是真正认识他们的伟大教材。"亦是她"理解少数特选者独享尊贵的那些年月背后的那股力量"的最好教材。正是在罗马的文学作品中，她努力勾勒出罗马精神的轮廓。基于这个角度和出发点，依据那个时代的文学家为她呈现的历史细节，她看到了教科书的正史中看不到的东西，向读者呈现了正史所忽略的另外一种或一些可能性。

她首先关注古罗马的喜剧，因为剧场是最接近大众的地方。在那里，她看到的罗马，不全是铁律和战争的罗马，普劳图斯的喜剧完全颠倒了古罗马的种种德性，而同时代泰伦斯的喜剧则表现出截然不同的风貌。普劳图斯和泰伦斯，一个混迹于市井的"粗人"，一个周旋于上流社会的"绅士"（当然，他本是奴隶出身），分别以通俗和严肃的喜剧风格拥有着世俗大众和上流社会两个截然不同的观众群，为后人呈现出不同阶层古罗马人的生活和审美趣味。在那些风格迥异的喜剧中，有在斗兽场搏斗的奴隶，有纠缠于情感世界和居家生活的男女，流传至今，依稀仍能看到亘古未变的人性，使依迪丝·汉密尔顿以及读者将时间的线索延伸至远古，延续至未来，看到人类发展清晰的脉络。

继而她将目光转向当时"最杰出的书信体作家、罗马最伟大的市民之一、演说家西塞罗"。因为相对于演说或著述，书信是最有可能写出心里话、最有交流感的一种文体，尤其是在面对最亲近、最信任的人时。西塞罗就有这么一位推心置腹的书写对象——阿提喀，在他一生超过八百封的信件中，竟有一多半是写给阿提喀的。阿提喀不动声色，智慧圆融，毕生平顺，似乎也带给西塞罗天生的信赖感和安全感，西塞罗内心的真实想法对他从不隐瞒。常看到演讲家的西塞罗在众人面前说得铿锵有力，但一回到阿提喀这里，他即刻变得矛盾、纠结、多虑而游移，他将自己的内心活动和真实想法一五一十地对阿提喀和盘托出，与他的演讲形成极大反差，呈现出表里不一的分裂性格。在给阿提喀的书信中，他完全回到了自我真实的一面。而正是这些不加粉饰的书信，让世人看到他所处的那个时代相对真实的社会面貌，"西塞罗的信件让我们清楚地看到了很难在任何其他时代看到的政治情势本相。这里那里到处都是贿赂，他一次又一次地写道，没有一个长官例外，甚至包括最高长官。政治成了赚钱的行当"。他的信件，使最堂皇中的堂皇悄然而逝，使伟大悲剧所塑造的高高在上的庄严人物，跌落到与我们相同的生活层面。他在一些信件所描述的细节中，勾勒出那个遥远的、已然死去的城邦栩栩如生的昔日光景。

而本书所记的西塞罗和凯撒的故事却颇为有趣，"西塞罗对凯撒的感情没有左右摇摆，他从来都不喜欢凯撒。这点就像凯撒对西塞罗的喜爱那样一目了然"。书中的凯撒是有着人格魅力的，低调、仁慈、包容、智慧的凯撒，"今天，思想崇高不是我们最珍视的美德。凯撒却拥有它。当他最信任的军官在危急时刻投靠敌军，凯撒一言未发，给他送去了他留下的所有财物：马匹、奴隶、行李。庞培战败后，在庞培营帐里发现了大量书信，兵士送交凯撒审读以找出谁是罗马的内奸。凯撒把所有信笺付之一炬。行为的背后是无畏与自信，二者是崇高的灵魂"。除了无畏和自信，想必还有深刻、坦然与通透，一个了不起的人。而西塞罗则是有着鲜明个性的义无反顾的西塞罗。伟大的凯撒用人格征服了很多人，却从未征服西塞罗。为得到西塞罗的友谊，动了万般的真诚，可西塞罗从未给他，西塞罗讨厌凯撒，宁愿和庞培一起失败，也不愿和凯撒一起获胜，他是这么说的，也是这么做的，"当西塞罗认为庞培的目标无望实现，而自己将告别一切让生活变得有价值的东西时，他仍然加入庞培阵营"。直到他随凯撒先后故去，这种状态不曾改变。也许，这是另外一种形式的崇高，如依迪丝·汉密尔顿所说："内心崇高，意味着他会按自己的主张生活，别人无法强加于他。"哪怕这个人是凯撒。虽然，极度看重外界认同感的西塞罗更多时候是生活在别人强加给他的主张里，这一点甚至可以解释他的分裂性格，但他何以如此对待凯撒，却是一个谜。而这些，都是古罗马历史和人文的一部分。

西塞罗之后，依迪丝·汉密尔顿又谈到卡图卢斯、贺拉斯的诗歌、情人以及他们所生活的那个时代，谈到卡图卢斯的炽热感情和罗马人的气质秉性，谈到贺拉斯的理念与斯葛多派哲学的内在联系，并且摘引了优美的篇章，让读者在原汁原味的诗句中感受罗马的古风。他还回顾了维吉尔、李维和塞内加浪漫时期的罗马，阐述了尤维纳利斯的罗马与斯多葛派，提到斯多葛派，当然也会提到爱比克泰德和马可·奥勒留·安东尼，爱比克泰德、马可·奥勒留·安东尼和西塞罗的书都曾给我留下深刻印象，尤其是古罗马帝王哲学家马可·奥勒留·安东尼的《沉思录》，以无比沉静的笔触和心态看待自身、万物和生死，有着某种纯粹、坦然的力量，如果说三位作为斯多葛派有着某种共性的话，我同意依迪丝·汉密尔顿的评述，她说："在塞内加的书信中，在爱比克泰德的谈话中，在马可·奥勒留的日记中，则弥漫着一种虔诚气氛、惩恶扬善和高尚的力量，这在全世界文学作品中都很罕见。"

依迪丝·汉密尔顿在书中用一章讲述罗马精神。她说，无限是罗马人的本质，不仅表现在权力和帝国的扩张，而且表现在欲望、野心、食欲方面。罗马人是优秀的战士，战争是他们最自然的表达方式。有关英雄主义、爱国奉献和刚正不阿的美德故事，没有哪个国家比罗马更多。"一言以蔽之，罗马的伟大就像任何伟大者一样，在于人民中间存在的某种更强大的东西。纪律观念，一种士兵的基本观念，深深植根在他们身上。不管天性的涌动多么强烈，他们对法律和秩序都有更为深刻的领受，这是他们内心最深处的东西。"希腊人提出法律的理念，罗马人付诸实践。罗马继承了伟大的希腊思想，"只有古罗马人真正理解古希腊的思想"。但在文学和艺术方面，希腊和罗马却毫无共性——希腊文学和艺术突出表现美，而对罗马人而言，美无关紧要。在他们眼中，生活是非常严肃且非常艰巨的任务，他们没有时间去关心仅用来装点生活的东西，相比之下，雄伟的神庙、宫殿、凯旋门等宏大壮观的艺术似乎更能代表罗马精神，而且这种对于"宏大"的表现只是一种罗马人的随意行为，不需刻意追求，却于不经意中表现了它的无穷力量、无所畏惧和无上骄傲，美只是偶然的结果。现实让希腊人兴趣盎然，他们从中发现了美和愉悦，他们不需要通过罗曼蒂克寻找慰藉，但对罗马人来说，现实既不美，本身也无趣，而"如果一个民族在世间看到的主要是丑陋，他们就会寻找慰藉，以逃避丑陋"。于是，他们的文学适时地转向了浪漫主义。"人类的精神不会久困于无意义的丑陋的拘执。浪漫主义必定应运而生。希腊人处处中庸，对两极都不了解。他们是以真为美的现实主义者，这种精神的直接表达就是古典艺术。对罗马人而言，真是美的反面，他们最终必然会从现实转向浪漫。"他们不是崇尚智性的民族，他们属于实务的世界，而非思想的世界。"不过，罗马最突出的方面，仍然是它对过有节制生活这一观念毫不动摇的坚持，以及体现正义和公平原则体系而不是这个或那个的服从。"依迪丝·汉密尔顿说。

她还提到必须置于法律控制下的罗马人本性残忍的一面，"这非常清楚地表现在他们热衷的娱乐中"。比如斗兽，就是典型。在希腊，这样的娱乐始终不曾发生，即使刚刚萌芽，也被雅典人及时制止了，而在罗马人到达的其他地方，这种血腥的比赛接踵而至，而且更加血腥、触目，"罗马最优秀的统治者马可·奥勒留的儿子自夸说，他杀死或打败的角斗士有两千之多，而且只是用左手"。前年我们去罗马旅游，看到圆形的斗兽场已经空空如也，千年之后的现代人支起脚手架正在维修，仿佛为历史的残忍保留证据，各地的游人络绎不绝，前来观瞻，实在难以想象古罗马人在这里演绎的却是一出又一出怎样的悲剧。而当残忍的事情成为习惯或源自风俗的时候，人们往往又是麻木的，就像西班牙仍在上演的斗牛，就是人类社会的诸多盲点之一。

  而回到罗马，昔日战无不胜的强大帝国，今天只留下了一座沧桑的城，一切的辉煌，都成了传说。

（《罗马精神》，依迪丝·汉密尔顿著，王昆译，华夏出版社，2014年1月第1版第1次印刷）

2016年7月6日、11日

万方俱在，万方俱亮
——读塞内加《论生命之短暂》

塞内加，一个古罗马人，透过 2000 年的历史向我们讲述他的生活观和生命观，让我们看到，人性中的有些东西亘古不变，有价值的思想亦可穿越千年。

众所周知，生命短暂，而在这短暂的生命之中，有效的时间和生命又占了多少呢？塞内加在书的开篇就算了一笔账，"算算你用了多少时间与债主周旋，多少时间与情妇厮混，多少时间与贵族结交，多少时间与门客敷衍，多少时间与老婆吵架，多少时间惩治奴仆，多少时间在为履行社会义务在城里奔忙，还得算上生病后用去的时间，再加上无所事事流逝的时间，你会发现属于你的时间比你原来估计的要少多了"。在他看来，延长生命的方法就是聆听自己的心声，果断祛除生活中一切无关紧要的部分，使生命简洁再简洁，让每一分钟都充实而有意义。他看到："多少人为财富所累！多少人高谈阔论，终日为展示自己的天赋才华而呕心沥血！多少人沉溺于无度的享乐而憔悴枯槁！又有多少人囿于门客的包围之中而身不由己！"从平民百姓到达官显贵，无人为自己提出要求，每个人都在为他人耗散精力，"甲想讨好乙，乙想讨好丙，没有人为自己操心"。有的人被高官束缚，有的人被财富束缚，他们看重物质的价值，维持无关紧要的关系，去拜访永远也不会回访的人，唯独没有看到时间的价值。他说：相信我，伟人、圣人的标志就是从不浪费自己的时间，他的寿命之所以长久是因为他将自己所有的时间全部为己所用，没有闲置，没有荒废，没有置于别人的掌控之下。作为自己时间的掌控者，他精打细算，从未发现有什么东西值得用自己的时间交换。

2000年前，塞内加强调时间的价值，痛惜人们没有看到"时间"这个"人生最宝贵的商品"，2000年后，时间管理已成了为一门商务课程，在日理万机的精英人士和商务群体中推广。2000年前，他倡导远离一切杂务，不挥霍不虚掷不无度施舍和浪费，没有多余，只保留生活的基本需要，将全部的生命聚焦在有意义的地方，"在所有人中，只有那些把时间用于研究哲学的人是真正悠游自在的，只有他们算是活着的"。2000年后，忙得已经不可开交的现代人通过学习时间管理的课程，试图让时间变得更有效，他们追求和渴望的，是提高时间的运转效率，得到更多的利益和财富，他们已经被绑到了大齿轮上，无法轻易地停下来悠闲地思考了。这和塞内加提倡的节制欲望、拒绝奢华、生活从俭、保持内心平和似乎也是相悖的。塞内加说，贪婪和奢侈会毁掉一切，在他看来："维持一个人的生活需要多么微不足道的一点点！"而他的这些思想即使是在今天，也是社会和看透了人生的智者所倡导的。而使他真正能够放弃的，是他看到"所有东西都是微不足道的"。

在书中，塞内加提到盖乌斯·凯撒，"盖乌斯·凯撒这个人我认为是自然造就的职位最高、人最邪恶的一个典型，他一天要吃掉价值一千万塞斯特斯的食物"，而当他几乎将财产挥霍殆尽，最后算计出账上只剩一千万塞斯特斯时，他感到无望，服毒自尽了。塞内加感慨地说："有一千万塞斯特斯还认为是贫穷，多么奢侈！你又怎么会认为重要的是钱财的数量而不是心态呢？有人因为有一千万塞斯特斯而心生畏惧，别人求之不得的，他却躲之不及服毒而死。"有时候心智的愚蠢确实会将自己置于死地。如塞内加所说，任何东西都无法满足贪心欲壑，区区少量就可以让自然的天性满足。"所有那些未受教化且受制于身体的心灵所崇拜的东西——大理石、金子、银子、光洁的大圆桌——都是世俗的负担，一个纯洁、深谙其本质的灵魂不会喜欢它们，因为它轻浮且没有障碍，一旦从体内释放，便一定会飞扬直上。""诚实，自然、无修饰的质朴，毫不掩饰自己的个性的生活是多么快乐无忧啊！""钱的最理想的数额应是既不低于贫困线也不要超出太多。"

在写这书的时候，塞内加其实还是一个流放者，一个由死刑更改而为的流放者，渺无人烟的荒岛没有锁住他的思想，他从"罗马最博学的人"法罗和马库斯·布鲁特斯那里找到自己的精神支点。法罗认为，我们无论走到哪里，所面对的自然的秩序都是相同的；马库斯·布鲁特斯认为，流放者自己的美德是随身携带的，没有什么能让他失去。塞内加认为，"两者结合在一起就具有无上的力量"。有了这两点，外在的一切便无法再束缚他了，无论何时，无论何地，塞内加还是那个聪明睿智的塞内加，"这个世界上没有流放地，因为对人类来说没有什么地方是异国他乡，从地球表面的任何一个点遥望苍穹，神的领地与人之间的距离都是相等的"。太阳照在古罗马帝国的大地上，也照在他眼前的荒岛，他看到，"自然所创造的伟大、辉煌的世界，以及注视它、惊叹它，成为其中最耀眼部分的人的思想，是我们永恒的财产，将与我们同在"。他仍从当下的每一个时刻获得启示，认为被命运不公平地置于危险境地的人反而更安全，"因为那种状况有利于他们戒骄戒躁处事低调"。

塞内加的超脱不仅超越了荒岛，也超越了国度，使他的思想自由地停靠在每一个地方，他说：对于一个聪明人来说，每个地方都是他的国家。"如果我们精神崇高，就不会将自己禁锢在一城之内，我们应走出去与整个地球打交道，把整个世界当成自己的国家，为此，我们就可以让自己的德行在更广阔的领域发挥作用。"而即使在荒岛上，他仍有自己的追求，在他看来，只对世俗的东西感兴趣是狭隘的心理，"应该将其引向万方俱在、万方俱亮的东西"。

在岛上，塞内加和好朋友塞雷努斯通过书信谈论心灵的安宁。他说："在一个灾难深重的国度，智者有机会显示其影响力；而在一个繁荣昌盛的国家，不择手段地攫钱、嫉妒，及上千种卑怯的恶行会大行其道……但是无论如何我们应该振奋精神不要陷于恐惧之中萎靡不振。"他鼓励塞雷努斯树立自信，相信自己的路是对的，"不要误入那些纵横交错交叉于自己路上的歧途"。他说狮子和其他动物的能量可以被笼子限制住，但人的能量不会，人最伟大的成就往往在退隐之后才能看到。"如果你恰巧活在一个为国效力非常不易的时代，你就要把时间更多用于休闲和文学作品，就像在惊险的航海中不时寻找一个安全的港湾，不要让公共生活先放逐了你，而要先主动摆脱出来。"这点不仅适用于古罗马，各个时代想必都有这样的先例，比如沈从文于特殊时期的文物研究，大概就是其一吧？

在岛上，塞内加还尽可能地安慰他流泪的母亲，他试图用自己的方式让她坚强，给她信心，让她快乐，面对至亲，他的话语似乎有些苍白和凌乱，但能看出为了母亲，他在尽他自己的全力，这人性的光辉，依然穿越了千年。

最后，塞内加以哲学家的深刻道出了一个悲观的事实："每个人如果都好好考虑给我们带来喜和悲的每件事情，他就会领会比翁箴言的真谛：人类所做的一切都和他起始时一样，他们的生命并没有比孕育时更高尚更恶劣，生时一无所有，最终回归于一无所有。"

（《论生命之短暂》，塞内加著，周殊平、胡晓哲译，中国对外翻译出版公司，2010年1月第1版第1次印刷）

2015年9月8日

顺应四时，悦纳所有

——读马可·奥勒留·安东尼《沉思录》

你难以想象，一个2000年前的古罗马帝王在战火纷飞、灾难频发的恶劣环境中，在享受至高荣耀的巅峰时刻，在操劳国事的闲暇间歇，能够有如此沉静、深刻的思索，抛开所有的挂碍，跳出一切的窠臼，挣脱千般的束缚，以平常心了悟世事，以超离心参悟生死，其心境和思想如一泓清泉，纯净纯粹，不受外界的丝毫干扰和沾染。这些文字，在跨越了千年之后，依然给人以启迪。

这本《沉思录》写给他自己，是马可·奥勒留·安东尼与自己的十二卷对话。是硝烟战火暂停的间歇，饥荒灾难缓解的片刻他的自语，自省，又像是自修或自我警戒，是踌躇、徘徊的瞬间自我心灵的安抚与安顿。蜷于一隅的点滴记录，穿越千古的凝思冥想，已成为他日常的习惯，成为他于纷繁万象之中自我修养和矫正的秘密方式，他本未打算让这心灵的独白公之于世，但这灵性、隽永的文字感应着人类的心灵，还是掸去两千年的尘埃得以面世，带着涌动的呼吸来到我们面前，我不得不说，那是跨越时空，超脱万物、万象的精神力量——在我读到的一刻，它深深地震撼到了我，使我不得不与2000年前的马可·奥勒留·安东尼同频、同在，感受生命不曾更改的宁静、从容的气息，体会生命无挂无碍的大美意象。

《一生的读书计划》的作者、美国教授费迪曼说，《沉思录》有着一种不可思议的魅力，在我看来毫不为过。"一个人应当仅仅使他想这样一些事，即当别人突然问：'你现在想什么？'他都能完全坦白地回答想这个想那个，并且从你的话里清楚地表明，你心中的一切都是朴实和仁爱的……一个毫不拖延地如此回答的人是属于最好的人之列，犹如神灵的一个使者，他也运用植入他内心的神性，那神性使他不受快乐玷污，不受痛苦伤害，不被任何结果接触……"还有比这更坦率的么？还有比这更纯净的么？还有比这更简单的么？这个君王，心灵的最深处分明就是一个纯洁无染的孩子，一个天真的婴儿。然而这个孩子，已经了悟了人生，参透了生死。身为帝王，马可·奥勒留·安东尼未将自己看得格外伟大，而是清醒地知道，不论是什么人，都只是一个小小的肉体。面对"死亡"的真相，他知道，每个人生存的时间都是短暂的，他在地上居住的那个角落都是狭小的，最长久的死后名声也都是短暂的，甚至这名声只是被可怜的一代代后人所持续，这些人也将很快死去。"如果一个人观察死亡本身，通过反省的抽象力把所有有关死亡的想象分解为各个部分，他就将把死亡视为不过是自然的一种运转；如果有什么人害怕自然的运转，那他只是个稚气未脱的孩子。无论如何，死亡不仅是自然的一种运转，也是一件有利于自然之目的的事情。"在他眼里，死亡只是组成生物元素的分解，分解之后，组成了新元素，循环不已，生生不息。

有了这份通透，他的内心便没有了恐惧和不安，他周边的一切——得到的未得到的，拥有的失去的，大事小事，在他那里都不重要，都不重大，正如他看到，曾经多么显赫的人物——历史上的一串串闪耀一时的名单，今天一概都无迹可循。"柳西那看见维勒斯死了，然后柳西那死了；西孔德看见马克西默斯死了，然后西孔德死了；埃皮梯恩查努斯看见戴奥梯莫斯死了，然后埃皮梯恩查努斯死了；安东尼看见福斯蒂娜死了，然后安东尼死了。这就是一切。"在他看来，没有什么新的东西：所有事物都是熟悉的，短暂的。这个世界上再没有一个比参透了生死的人更为平静、淡定，更为自在洒脱的了。虽然，面对这无法留存、稍纵即逝的一切，他时而亦流露出易逝的感伤：时间仿若一条湍急的河流，刚刚看见了一个事物，它就被带走了，而另一个事物又来代替它，而这个也将被带走……

然而他依然那么认真地要求自己，那么严格地自律，以使自己的品格和德行与日月辉映。他说："全然不要再谈论一个高尚的人应当具有的品质，而是要成为这样的人。"他自觉地以拥有美德的人为榜样，将自己的心得一条条记下来，强固自己的信仰，并让我们看到渊源，看到脉络，看到这个人的由来，"1.从我的祖父维勒斯，我学习到弘德和制怒。2.从我父亲的名声及对他的追忆，我懂得了谦虚和果敢。3.从我的母亲，我濡染了虔诚、仁爱和不仅戒除恶行，甚而戒除恶念的品质，以及远离奢侈的简朴生活方式。4.从我的外祖父那里……从我的老师那里……"于日常的行为、人事之中，他随时随地得到启发，受到教益，广泛汲取以丰富自己的心灵。从他的兄弟西维勒斯，马可·奥勒留·安东尼说他接受了一种以同样的法对待所有人、实施权利平等和言论自由的政体思想，和一种最大范围地尊重被统治者的所有自由的王者之治的观念；从马克西默斯，他说他学会了自制，不为任何东西所左右，在任何环境里和疾病中欢愉如常。从他的父亲，他学到使自己能够放弃也能够享受某些东西。灵魂的充盈和饱满使他由衷感恩，"我为我有好的祖辈、好的父母、好的姐妹、好的老师、好的同伴、好的亲朋和几乎好的一切而感谢神明"。他感谢上天在适当的机缘里夺去他所有的虚骄，让他懂得一个人是可以住在一个不需要卫兵、华衣美食、火把和雕像等东西的宫殿里的，而且一个人有力量过一种私心所好的生活，同时并不因此而思想下贱、行动懈怠。

　　看透了生死但他并未绝望，而是愈加珍惜当下的每一寸光阴，保持心灵的平和、自足与自在，培植"心中的神性"，使当下的生命生活在欢乐之中。"总而言之，甚至一种永恒的纪念又是什么呢？只是一个虚无。那么，我们真正应该做出认真努力的是什么呢？只有一件事：正直地思想，友善地行动，诚实无欺并陶冶一种性情，即快乐地把所有发生的事情作为必然的、正常的、来自同一个原则和根源的事情来接受。"没有永恒，活好当下。他对自己说：你现在必须领悟，那个你只是宇宙的一部分，你只有有限的时间，如果你不用这段时间来清除你灵感上的阴霾，它就将逝去，你亦将逝去，并永不复返。"如果你做你生活中的每一个行为都仿佛它是最后的行为，排除对理性命令的各种冷漠态度和强烈厌恶，排除所有虚伪、自爱和对给你的那一份的不满之情，你就将使自己得到解脱。你看到一个人只要把握多么少的东西就能过一种宁静的生活，就会像神的存在一样。"

　　这还不够，他还在人生无边的"虚无"和"空洞"之中沉淀出价值和意义，看到"只有一件事有很高的价值：就是真诚和正直地度过你的一生，甚至对说谎者和不公正的人也持一种仁爱的态度"。他告诉自己："置身于这些事物之中而表现出一种好的幽默而非骄傲就是你的职责，无论如何要懂得每个人都是有价值的，就像他忙碌的事情是有价值的一样。"读到这儿，我简直感觉到此人的伟大了。谦卑即是伟大，平等心也即佛心。他的灵魂深处，还有着一种执着笃定的美，"不管任何人做什么或说什么，我必须还是善的"。听上去如此熟悉，就像美已成为我的信仰，流淌在血液里，是种甩不掉、也不可能更改和消失的与生俱来的东西。在善念的驱动下，他时刻提醒自己原谅别人的不足与过失，保持自身的宽容与大度。他自问:"有什么事情能阻止你的心灵保持纯净、明智、清醒和公正呢?"他以此为荣,以此为乐。

他以天人合一的思想和观念感知万物,以欢迎的眼光看待一切、悦纳万有,达成自身本性与宇宙自性的一致,找到身、心、灵、物的和谐统一。面对生命的神奇造化,他由衷地赞美,"啊,宇宙,一切与你和谐的东西,也与我和谐。那于你是恰如其时的一切事情,对我也是恰如其时。啊,自然,你的季节所带来的一切,于我都是果实:所有事物都是从你而来,都复归于你"。在他那里,一切都是最好的安排。生老病死,亦是万物和谐的一部分。他对自己说:"那么,也不要不满于你必定只活这么些年而不是更长时间,因为,正像你满足于分派给你的身体重量,你也满足于分派给你的时间长度。"痛苦和欢乐一样自然,不必克制,不必压抑,"如果身体能够,让它自己照顾自己不受苦吧,如果它受苦,就让它表现出来吧——至于被痛苦损害的(身体)部分,如果它能够,就让它们表示对痛苦的意见吧"。顺应自然,不做作,不掩饰,诚实裸露,还有比他更坦然更洒脱更通透的吗?

退隐到心灵的最宁静处,他依照自己的本性,聆听内心的声音,不断地更新自我,排除纷扰,使内心变得简而又简,纯而又纯,从而充满回归的欢喜。他告诉自己不要抵制来自内在本性的真实"感觉",不要对它施以好的或坏的意见,要在力所能及的范围内和神灵生活在一起,他说:所有从神而来的东西都充满神意,那来自命运的东西并不脱离本性,"丢开对书本的渴望，你就能不抱怨着死去，而是欢乐、真诚地在衷心感谢神灵中死去"。他对自己说："你管别人是怎么看你呢，只要你将以你的本性所欲的这种方式度过你的余生你就是满足的。"他告诫自己：不要扰乱你自己，要使你十分单纯。"不要烦恼和生气地对待那些生你气的人，继续走你的路，完成摆在你面前的工作。"他知道，生活中被高度重视的东西也是空洞的、易朽的和琐碎的。没有什么是重要的。这个人的思想与我生命深处的思想有着天然的契合和说不清的渊源，2000年前啊，这跨越时空的，正是"人性""本性"的能量吧！他对自己说：当你在某种程度上因环境所迫而烦恼时，迅速转向你自己，一旦压力消失就不再继续不安，因为你将不断地再回到自身而达到较大的和谐。不断地回归，回归本源，回归自性，如朋友在我遇到困扰时曾经对我说过的话：关注别人就是迷失，回到自己就是成长。安东尼还一遍遍地告诫自己，对万事万物不要有分别心，就像奥修说的不作分别，"真正的天真不知道什么是魔鬼什么是天使"。他深刻感受到顺应本性的幸福，感受到隐蔽于内在深处的信念和信仰的力量——信仰是光，照亮一生，他时刻处在光中，与光同在。

　　他使自己超离于时间、万物之上，将视角放在了人类和宇宙之上，将自我本性融入天体本性之中，感受神性于自性和天体中的存在，借着神性的指引，永处愉悦欢喜之中，他的人生便更通达，更超然，更透彻，更圆满。他设想自己被提升到大地之上，俯视人类，观察其差别，瞥见空气和以太中众生的存在，从而看到了事物形式的相同和持续的短暂，于是他反问自己：难道这些事物值得骄傲吗？"提升"的视角使他看清本质，收起狂妄，亦使他更加的超脱和超然。在他看来，任何一种活动，当它在恰当的时间停止时，它并非遭受到不幸，因为它已经停止；任何的生命，如果它在它恰当的时候停止，它也并非是在遭受不幸。以部分的变化达成整个宇宙的持续更新和完美，是宇宙的本性决定的，无论是活动还是生命，"停止"的本身是顺乎宇宙本性、合乎时宜和对宇宙有利的。是啊，上天无时不在给予我们启示，于混沌与虚无之中，让我们感受到诗意的存在：在"顺境"中遇见诗，让我们感受生命的愉悦和欢喜；在"逆境"中遇见诗，让我们洞见生命的开阔与壮丽。将自身放置于天地万物之间，只不过一滴水珠，一粒微尘，世界上的很多事情本无足轻重，大自然的和谐永在。我们只需在一滴水珠里，照见纯净的底色，现出清澈的模样，在一粒微尘里，开出绚烂的花朵，放出璀璨的光华。顺应四时，悦纳所有。

在书的最后，安东尼平静地对自己说："那么满意地退场吧，因为那解除你职责的人也是满意的。"是的，悦纳所有，放弃即新生，结束即开始。

（《沉思录》，马可·奥勒留·安东尼著，何怀宏译，生活·读书·新知三联书店，2008年1月第2版，2009年12月第10次印刷）

2016年3月10日

获取内在的精神自由
——读爱比克泰德《沉思录Ⅱ》

"农夫关心的是土地,医生和教练关心的是身体,而智者关心的则是自己的精神。"斯多葛派哲学的重要代表人物爱比克泰德如是说。爱比克泰德本是奴隶出身,在古罗马,要挣脱奴隶的身份并非一件容易的事,而爱比克泰德做到了,他依赖的,正是自己的智慧、自己的精神。

然而,一个人被奴役和不自由事实上并不完全表现在肉体被奴役和不自由,也并非每一个摆脱了奴隶身份的人都能像爱比克泰德那样获得真正的自由,而往往是从一个桎梏走向另一个桎梏——因为他即使摆脱了肉体的奴役,还会陷入一重又一重新的障碍和困境,一个奴隶,不从一场奴役走向另一场奴役的根本方法就是像爱比克泰德那样,探寻并获得内在的精神自由。

按照古希腊的解释"哲学"一词译为"爱智慧",爱比克泰德就是一个爱智慧的人,所以他毕生属于哲学。从早期因呈现出哲学方面的天赋,在主人——一个贵族的帮助下接受高等教育并摆脱奴隶身份,到过完不断思索的、哲学的一生,他的轨迹仿佛受着某种冥定的、神的指引——事实上他也是信神的,"无论我被驱逐到哪里,我都会看到太阳、月亮和星辰,都会有梦和预兆,都会和神交谈"。

他的一生,都在和神交谈。

而他所说的"神",不是迷信的"神",用苏格拉底的话说那是大自然的绝对真理、绝对理念,用老子的话说是"道法自然"的大道自然,是大自然的绝对法则,它不受外物、意志、观念的干扰自行地存在着,所谓"天地不仁,以万物为刍狗"。包括人在内天地间每一个部件、每一个生灵的生死存亡都不会影响和改变它的意志,在它面前都微不足道,自认为聪明的人类在它的面前也无能为力。无论你是喜是怒是哀是乐,它都日复一日、春夏秋冬地运转着,不喜不怒不哀不乐,对你视而不见。认识到这样一个基本的事实,爱比克泰德哲学的一个根本点就是顺应自然,不与自然法则对抗。

但他的哲学并不是消极的,抛开不可改变的自然法则,他将目光主要集中在自身意志发挥作用的地方。"谁是斯多葛主义者呢?他即使身在病中,身处险境,奄奄一息,流放异地,恶语缠身,却仍然感到幸福。他渴望与神同心,不会怨天尤人,从不会感到失望,从不会反对他的意愿,从不会感到愤怒和嫉妒。"在他看来,在自身可控的范围内,处处都是好生活。

当然，首先要区分什么是你能控制的，什么是你不能控制的。意志发生作用的地方只在你能控制的领域，而不在你不能控制的领域。你不能控制的事物比如拥有什么样的身体、是否生而富足或运气亨通、他人怎么看待你等等均是外部事物，意志在外部事物、在你不能控制的领域发生作用，招致的只能是烦恼。即使你深爱的事物，它也并不属于你自己。所以爱比克泰德只在自身能控制的范围内谈论哲学，谈论人生，不可控的部分，全然地交给神，顺应并悦纳命运自然。"保管好自己的东西，不要去索取他人的东西，好好利用赐给你的东西，不要妄想没有赐给你的东西。""有些事不是你所渴求的，且与你的幸福相悖，但却在你的控制之内，如果你想避开它们，那么你永不会遭遇到任何你不想要的东西。不过，如果你试图躲避不可避免之事，如疾病、死亡或不幸（对此你没有真正的控制力），那么你就会使你自己和周围的人遭受痛苦。"对于自由也一样。"自由来自于对自身力量的限度与不可避免性，而不与其抗争，我们才能获得自由。相反，如果我们屈从于一时之念，想得到我们无法控制的事物，那么我们就会失去自由。"

在自身可控的领域，自己就是全然的神和主人。"没有什么事能真正妨碍你，因为你的意志总在你的掌控之中。疾病可能考验你的身体，但你仅仅拥有身体吗？瘸腿会使你的行动不便，但你不仅仅拥有腿啊，你的意志比你的腿更强大。你的意志没必要受一个突发事件的影响，除非你让它如此。""你不是肉体，不是毛发，而是意志。如果你能让你的意志变美，你就是美的。"爱比克泰德说:"人啊,你就是神。"人性中蕴含着神性,蕴含着化腐朽为神奇的力量,在自己身上发生的任何一件事,无论被我们称作"好"还是"坏",都有对我们自身有益的成分,貌似可怕的际遇中,也常常蕴含着机遇,我们都应该以正向、积极的心态吸收过来,"一切都是最好的安排"。神把幸福和安宁给予每一个人,"你给我的,不论是什么,我都能把它变成幸福的、洋溢着快乐的、高贵的、为人们所羡慕的东西","如果它是好的,它就不会招致任何的'坏';如果它是坏的,我就跟它没有任何关系。我天生就是为了好的事物和属于自己的事物而活着,而不是为了坏的事物而活着"。

而所谓的"好"或"坏",只是我们赋予事物的某种观念,而非事物的本身真相,事物的真相就是事物本身,是一种客观呈现,不以人的意志为转移,也无所谓好或坏。伤害我们使我们烦恼的,并非事物本身,而是我们对事物的看法,那看法是我们人为赋予它们的,事物本身不会伤害或阻碍我们,他人也不会,伤害和阻碍我们的,只有我们自己。"凡事发生皆有充分的理由。你怎么想,就会怎么样。不要迷信地赋予事物它们本不具有的影响力或意义。要保持头脑清醒……你可以设想,降临在你头上的事情都有某种益处。如果你决定要成为幸运儿,你就会是幸运儿。所有事情都包含对你有益的成分——只要你去寻找。""如果你能以更宽阔的视野去看待每个人的遭遇,欣赏所发生的一切事情好的方面,那么,你自然就会因世上所发生的一切而感谢上苍了。"即使令我们愉快的事物，也是在我们的意志之外独立存在，有其自性，却无悲喜，而其自身的特性与我们碰巧如何看待他们，以及我们自身感受到的悲喜又常常是两码事。我们所看到所认为的，通常都是某种假象，如佛教所说：如露亦如电，当作如是观。"事与人的存在，既非我们希望的那样，也非看上去的那样。它们该是什么样就是什么样。"自然生发，如其所是。

　　认识到这一点，你便不会再专注于虚妄，不会再把自己的幸福建立在对他人和外物的依赖上，也便没有什么能再伤害你。"期望别人看待你像你看待自己一样，这是不现实的。如果人们是依据错误印象得出结论的，那么受损害的不是你，而是他们，因为被误导的是他们。当某人把一个真实命题看成是错误的，这个命题自身并未受到损害，只是那个持错误观点的人被骗，因此受到了伤害。"当有人挑衅你，挑衅的也是对你的判断，"不要让这些无关痛痒的表象扰乱你的心绪"。不要自责，也不要责备他人。"如果折磨我们的是我们对事物的感受，而非事物本身，那么依此类推，责备他人就是愚蠢的……事物只是该怎样就怎样，他人愿怎么想就怎么想——这些都与我们无关。"同时不要回避苦难，"遭遇死亡和灾难能使人精神成熟。不要避而不见人生中的痛苦事件，相反，应当直面这些事件，并经常思考它们。通过面对死亡、疾病、失败、失望的现实，你可以使自己从幻象和妄想中解脱出来，免受痛苦，免生嫉妒"。

　　认识到这一点，你便会在你可控的领域安然地享受当下

第二辑 觉知，觉醒

的存在。如爱比克泰德所告诫的：好的东西，只能在你能控制的事物中找到，不要关注与你无关之事，对与你有关的事却要全神贯注，在与我们无关的事情上被认为愚蠢、幼稚，实际上是件好事。"照顾好你正好拥有的东西。我们不会真正失去什么，也没有什么会失去。当我们不再说'我失去了它'，而是说'它重新回到了它原来的地方'时，我们就获得了内心的平和。""充分利用降临到你头上的一切。人生中遇到的一切困难，都为我们提供了机会：使我们诉诸内心，并唤醒沉睡的内在资质。"这和我很久以前的思想似乎就是重合的，因此读来备感亲切。很多的时候，幸福就在生活无限平凡的细节和眼下的现实中，"如果你生活在罗马，那就不要想象在雅典的生活，而应该仔细思考如何在罗马过一种好的生活"。智慧的人享受此时的拥有，愚蠢的人舍本求末。

而人的智慧（爱比克泰德称为"最高理想"），正是表现在自我的意志与自然的法则和谐一致。不违背自然、天意，与其合为一体，如国学所讲的天人合一，同时让自己的意志发挥作用。"天意是圣明的，并且本质上是善意的。人生并非一连串随机而无意义的事件之组合，而是一个有序而优美的整体，它遵循着最终可以理解的法则。"我们遭遇的一切都是神圣秩序的一部分，但内心的平和是可以做到的。"要坚定你的决心——期盼正义、仁慈和秩序。只有这样，它们才会在你所有事务中越来越多地显现出来。要相信上天的存在，它有意图指引着整个宇宙。按照天意驾驭你的人生，并使之成为你的终极目标。"包括生死，都看作自然而然的一部分而无忧无惧。"你的目标应该是：将世界看作一个统一的整体，满怀忠诚地全身心趋向至善，遵从自然的意志并使自己的意志融入自然的意志之中。"他特别强调了要活在当下，活得真实。"当你门窗紧闭、屋内漆黑时，你也并不孤独。自然的意志，就像你的天赋一样，也在你的心中。要倾听它的要求，遵从它的指示。"聆听并跟随内心的声音。

在爱比克泰德看来，好的生活，是内心平静的生活，持久的满足胜过及时的行乐。不要将幸福寄托于任何的身外之物，不论你渴望什么样的身外之物，一旦你过于看重它们的价值，你就会受制于他人。与此同时，"如果你追求高尚的生活，千万不要随波逐流地思考问题"。要戒除头脑中根深蒂固的观念，不要人云亦云，不要按照世俗的眼光去确定是与非、对与错，而是要切实地关注内在，建立自己最为真实的认识和理念，找到自己看待事物的眼光和方法，获得自己的真知灼见，将自我的道德和精神提升作为获得幸福的真正途径。"我们绝不能再随波逐流。否则，我们自身的价值与理想会变得模糊，甚至被玷污，我们的决心也会动摇。"要用一种新的、不同于大众的眼光看待世界万物，生命就是一个不断更新的过程，精神上的求知欲是欣欣向荣生活的一个标志，"沉溺于对自己的知识、能力或经验的过度自傲之中，并企图显示出超过你应有的力量或权威，这是要命的"。要懂得知识的局限，要有勇气保持自性的童真，以无染、无分别的心灵看待万物。要结交那些能提升你、能激发你身上最大优点的人。不要受他人消极观点的影响,要保持超然的态度,避免夸张的反应。要避免最流行的娱乐,"你的生命如此短暂,还有更重要的事情要做"。

"不要试图去赢取他人的认可和赞美。你应该站得更高。""许多人都是让当下的环境决定他们的行为,而你应当有更高的标准。"在书中,爱比克泰德多次使用了"更高"的字眼,正是这"更高"的标准、决心和信仰,引领他走出奴隶的境地,使他的生命发生了奇迹。他说,要和平庸之辈决裂,立志成为一个不同凡响的人。肉体上,他虽曾为一个奴隶,但精神和行动上,他始终保持高贵。他把人生视作赴宴,"在其中你的举止应当优雅得体。当菜肴递到你面前时,可伸手取一份,但分量要合适;如果菜肴只是从你眼前经过,就享用你盘中已有的食物;如果菜肴还未传到你这里,就应该耐心等待","在宴会上,如果你真的饿了,吃最大的一份还说得过去,但这样做并不得体"。他说不要对他人卑躬屈膝、违心谄媚,无论他才华多高,影响多大,"人也只是人",为了一点点利益这么做的人就是不自由的"小奴隶"。同时他提醒不要过度地谈论自己,不要谴责或褒扬他人,也不要与对你不重要的人讨论你最重要的事,"我们的想法一旦说出来,就会被别人像秃鹫那样尽情享用。他们把对你最重要的东西妄加解释、判断与歪曲,使你心绪低沉……多数人是这样对待某种观点的:只知道抓住这种观点的短处大做文章,而看不到其潜在的优点"。然而不管别人怎么想怎么看,"你要做的就是使自己行为谦恭,同时一如既往地坚持自己的道德理想，不放弃你心中认定的最好的东西。如果你能够坚持下去，那些嘲笑你的人就会回过头来赞赏你"。

　　有智慧的人，时刻关注的只有自己以及自己的欲求究竟朝向何处，从而保持自己的自然本性。"哲学的起点就是要了解自我心灵的状况。""一个人在哪里违背了自己的意愿，哪里就是他的监狱。"有智慧的人知道，无论好事还是坏事，都源于自己。"除了你自己，不要相信任何人、任何事。要不间断地密切关注自己的信念和冲动。""如果你想智慧地过一生，那么就要坚持自己的原则，依靠自己的眼睛。"他们不会指望别人相信他们是有价值、不同凡响、出类拔萃的。"重要的是你做事是出于善良的愿望，结果并不重要。因此，不要太在意别人怎么想，以及结果怎么样，而要遵从你最初的道德直觉，并跟随它前行。"他们清楚地了解自己，按照自己的天赋并根据自己的现实情况行事，不冒进，不自欺，做好力所能及之事，其他顺其自然。他们了解其个人的价值的根源不在外部，"他人，甚至爱你的人也不一定认同你的观念、理解你，或分享你的热情"。人仿佛各自带着一个天线，不是每个人能够或者愿意随时随地接收你的信息，所以："成熟一点吧！谁会在意别人怎么看你！"智慧的人懂得控制欲望，过简朴的生活，做不为一切所缚的自由人，而哪里有所求，哪里就有束缚，"想要得到自由，用满足自己的欲望的办法是无法实现的，只有消灭自己的欲望才能实现"。

同为斯多葛派的著名哲学家，爱比克泰德的这本《沉思录Ⅱ》和古罗马帝王马可·奥勒留·安东尼的《沉思录》在看待人生、世事乃至生死的问题上有着某些精神的相通，不同的是，马可·奥勒留·安东尼的那一本写给自己，内在而沉静，爱比克泰德这本以第二人称写给世人，亲切而通俗。

（《沉思录Ⅱ》，爱比克泰德著，陈思宇译，中央编译出版社，2012年4月第1版第12次印刷）

2016年6月22日

这船，在故乡的港口靠岸
——读西塞罗《沉思录Ⅲ》

评价西塞罗的《沉思录Ⅲ》，联想到马可·奥勒留·安东尼的《沉思录》，同为公元前后的古罗马哲学家，两本《沉思录》还是有着不同的内容和风格，相比之下，前者像心灵鸡汤，后者则更深沉、隽永。毕竟马可·奥勒留·安东尼是在最沉静的时刻写给他自己，而西塞罗则是告诫诸位，一个是对外的宣讲，一个是向内的探寻，一个铿锵有力，一个默然无声。虽然两者均有价值，但马可·奥勒留·安东尼还是于无声处更加地触动我。

马可·奥勒留·安东尼的《沉思录》探寻更多的是人与自然的关系以及人乃至生命自身运行的轨迹，他以无比超然和平静的视角看待自身、外物、生死，参透历史、当下和未来，看淡过去看淡未来，看淡功名利禄、生与死，珍视人生"此刻"的意义和价值，珍视有限生命里简单、素朴、善良的美德，不断自我完善，做力所能及的事情，不为外物所惑所困，在恒定的喜悦中度过一生。西塞罗的《沉思录Ⅲ》关注更多的是人与人、人与社会、人与国家的关系，他讲友谊，讲责任，讲公正和道义，所言极是，但都是"我对你说"——也许跟他同时是位演说家不无关系，话语中有着很多励志的成分——当然，西塞罗在写这部书的时候已是85岁高龄，以一个长者的姿态教育青年和世人，倒也符合身份。而我只是想说该书作为自我修养的一般读物还是可以，只不过感觉不能像马可·奥勒留·安东尼的那一部深入骨髓，触动心灵最深处的那根弦。

当然，两个人的思想也有很多相通处。其实不仅仅是这两个人，时代相近的苏格拉底、柏拉图、塞内加，古老东方的老子、孔子、庄子，思想都有很多接近的地方，比如对于美德的注重，比如对于道义的追随，比如对于自我和外物的看法，都有很多"巧合"之处。他们之中的很多人，包括西塞罗本人，包括苏格拉底，包括雅典和罗马街头许许多多怀有正义感的思想家、演说家甚至以身殉道，用生命践行了人格的伟大和对光明、正义的坚定信仰。东方的古圣贤虽然更懂委婉和退隐，更知明哲保身，但也有"朝闻道，夕死可矣""舍生而取义"的信念和决心。伟大者之所以伟大，均因其有着更高、更远的人生追求和信仰。

在这本《沉思录Ⅲ》里，西塞罗分四章论友谊、论善与责任、论利与责任、论老年。在"论友谊"一章中令人感动的还是他以及他那个时代的人们对于友谊的看重。所谓的友谊，不是今天的名来利往，而是建立在爱和感情基础上真诚、自发的一种心灵倾向,是建立在相同旨趣基础上物以类聚的由衷愉悦,西塞罗索性将它看作除智慧之外,不朽的神灵赋予人类最好的东西。庄子有云:"君子之交淡如水,小人之交甘若醴。"友谊不是交易,不是交换,不是有所求,虽然其常常促使心甘情愿的奉献,但"利害关系"破坏了友谊的纯洁性,"不是友谊起因于物质利益,而是物质利益起因于友谊"。美德是友谊的基础,忠诚是友谊长久的保证,应尽量维护友谊,避免同密友反目,即使出现不和,"也要设法使友谊自然消亡,而非猛然绝交"。要既稳妥又不失尊严,生气但不结仇。这恰好也因应了中国古代的"君子绝交,不出恶言"。还是将德行和器量看得更为重要。

在"论善与责任""论利与责任"两章里,西塞罗结合自身从政、打仗和为人处世的经历,围绕责任谈爱国,谈政治,谈美善,讲道德的构成和规则,讲理性与欲望,讲战争的功绩与和平的伟大……他将道德责任分出三个层次,依次是国家和父母、儿女和家人、亲戚。他号召人们尤其是公职人员遵守规则,做高尚、尊严、自主且对所有人都真诚、富有爱心的人。希望人们承担"源自恰当的责任",做与自然和谐一致、符合自然规律的事情,鼓励人们既不违背人性的一般规律,又顺应和尊重自身的特殊个性,从事与本性相符的工作。在为人处世上要尽可能美观、得体和优雅,不粗鲁莽撞,不粗俗无礼,说话办事要合君子之规与中庸之道。在利与责任的问题上主张戒除或减少欲望,追随美德,其中亦有"君子爱财,取之有道"的思想。西塞罗还说，人不能靠豪华的住宅等身外之物抬高身价："住宅的主人应当为其住宅带来荣耀，而不是住宅应当为其主人带来荣耀。"但在如何获利的问题上，知识者的西塞罗对有些职业却给予了贬低，有些是值得商榷的。比如他认为"一切手工业者所从事的职业都是低贱的"，当然他的理由是"在任何工场里绝无任何自由可言"。那个时代，人们已将自由看得无比重要。而"最让人瞧不起的是那些满足人们声色口腹之乐的职业，例如像特伦斯所说的：鱼贩子、屠夫、厨师、家禽贩子和渔民。如果你愿意的话，还可以加上香料、舞蹈演员和整个杂耍班子"。这个打击面有点大，拿到今天，恐怕要开罪很多人了。

　　在最末一章里，他以一个85岁老人的身份论及老年和死亡——这个人人无法回避的话题。当然，西塞罗的论述是乐观而富有诗意的，他将老年看作一个自然而然的过程，认为人在少年、青年、中年、老年各个阶段都有其不可取代的美和优势，人到老年并非人们想象得那样不能从事积极的工作、身体衰弱。老年不用再去从事高强度的体力工作，更有利于去做那些借助于思考的工作，他本人，以及历史上可以举出的许许多多不同凡响的人物，在老年依然保持了旺盛的心智和精力，做出不凡的成绩。85岁的西塞罗不但仍在从事参谋的事务，整理并出版自己的演说词，撰写有关卜法、教会法和民法的论文，同时还在学习希腊文，不断地学习和自我更新促使老年的他保持了不绝的新鲜感，以至于使他享受到许多其他阶段所没有的人生乐趣，非但没有使他意识到老年的"悲凉"，还真正让他体验到老有所乐。"一个人在经历了情欲、野心、竞争、仇恨以及一切激情的折腾之后，沉入深思，享受超然的生活，这是何等幸福啊！"

但深思不是他全部的生活，他还保有自己的习惯，参与邻里的聚会，享受闲逸的时光。"我甚至喜欢照老规矩推定筵席的席主；喜欢按祖先遗下的风俗，在斟完酒后，从坐在左手边最末尾的那个人开始谈话；还喜欢用色诺芬在《会饮篇》中所描绘的那种只能盛一点点酒的小酒盅；而且，夏天喜欢喝凉酒，冬天喜欢喝用太阳晒热或用火煨热的温酒。即使我住在萨宾乡下的时候，我也一直保留着这些爱好，每天都和邻居们聚餐，我们边吃边聊，无话不谈，一直延续到深夜。"这场面，透着几多自在与风雅。平日里，他将田园劳作视作最大的消遣，在葡萄园里，他观察植物曼妙的生长，在果实和物产之外，体会"土地本身的力量和生产性"。感受到复归泥土的喜悦和安然。

触及"死亡"这个深刻的话题，他认为"死亡"无非两种可能：要么灵魂毁灭，要么灵魂永生。"如果是前者，我们完全无所谓；如果是后者，我们甚至求之不得。而除此之外，绝无第三种可能。"在他看来，一切顺乎自然的事情都应当被认为是好事，老年的寿终正寝更是一件自然而然的事。"老年人去世就像一团火在没有任何外力作用的情况下渐渐烧尽而自行熄灭一样。青绿的苹果很难从树上摘下，熟透的苹果会自动落到地上。人们像苹果一样，少年时的死亡，是受外力作用的结果，老年时的死亡是成熟后的自然现象。我认为，接近死亡的'成熟'阶段非常可爱。越接近死亡，我越觉得，我好像是经历了一段很长的旅程，最后见到了陆地，我乘坐的船就要在我的故乡的港口靠岸了。"这让我想起十几年前，91岁高龄的姥姥的离去，当时妈妈亦用了颇富诗意的话语来描述，说那是"油灯耗尽了的感觉"。那不就是西塞罗所说的美好景象么？

心怀美德的西塞罗说："不管生命怎么短暂，活得光明磊落和体面总还是可以的。"他说他对他走过的路不后悔，但时光和世事依然是残酷的，历史给了他一个遗憾的结局……不忍卒读，亦不忍再提起。

（《沉思录Ⅲ》，西塞罗著，徐奕春译，中央编译出版社，2015年11月第1版第8次印刷）

2016年3月24日

依照本性，特立独行
——读叔本华《人生智慧录》

就像爱比克泰德认为事物的"好"与"坏"并非真的就是事物的"好"与"坏"，"好"与"坏"只是人们赋予事物的某种观念，叔本华也认为，我们所处的世界是怎样的世界，主要在于我们以什么方式来看它，不同的人见到不同的世界。有人认为它荒芜、枯燥和肤浅，有人觉得它丰富、有趣而且充满意义。同样一个情景，在乐观的人看来只不过是一次可笑的冲突，忧郁的人却把它当作一幕悲剧，而恬淡的人会认为毫无意义。哲学家作为"爱智慧"的人，无论是爱比克泰德，还是叔本华，所探究和追寻的都是生命的本质和人生的意义，他们关注幸福悲伤，以及背后的动因和根源，那么叔本华的《人生智慧录》又将把我们引向何方呢？

在叔本华看来，地位和财富的不同，给予每个人不同的角色，但这并不意味着其内在的幸福和快乐在本质上有所不同，幸福所仰赖的是人的本质和个性，人穷其一生无法逃脱由本性导引的命运，"无论外在环境如何变化，每个人的生命自始至终都具有同一性格，每个人的一生就像用同一主题所写出的不同文章而已"。是人天然的心智能力决定了其能否觅取更高的精神享受，如果内心富足，便无须外求。而隐含于内在的精神和心灵财富永远为其自身保有，不受体力衰退和时间流逝的影响，亦无法被别人取去，"在人生的任何阶段，它是唯一真正而持久的快乐来源"。因此，它比人们所拥有的一般财物，包括金钱、名利等世俗的追逐物都重要得多，"世人所追逐的那些欢乐，对于一个具有高度智力、享尽自己独特个性的人，完全是多余的，我们甚至可说是麻烦和负担"。所以，我们行事的准则应是依照本性，在现实中尽可能地选择最适合自身发展的职位、行业和生活方式，"自己"是自己发展和有所成就的最佳来源。

　　有智慧的人，是能够独处的、卓然不群的人。"聪明人首先要争取的是免于痛苦和烦恼，能得安静、闲暇，也就是一种平静朴实、不受干扰的生活。因此，他对'世人'略有认识之后，会选择不求闻达，如果他具有大才智，甚至会过独居的生活。一个人的内心愈为充实，他对其他人的需要就愈少，其他人愈不能替他做什么。这就是为什么高度的智慧，会使人不合群。""一般来说，有人喜欢结交朋友，就因为他智慧低下，个性随俗。我们在这世界的选择，很难超出一端是独处，另一端是庸俗、随波逐流。"一个能与自己和谐相处的人通常是自足的，他无须从外界获取什么来弥补自身的不足，也无须借助于他人的光来温暖自己，他自身就是光，就是喜悦，就是温暖。"为'外我'而牺牲'内我'，也就是为了光辉、官职、排场、头衔和荣誉而放弃个人全部或部分的安闲和自主，是莫大的愚蠢。"

有智慧的人，有着丰富的感受力和生活体验，他观察、思考、欣赏诗文或音乐，学习新事物，阅读，静修，从事发明，搞哲学等等，他有能力对纯粹是"知识"、跟"意志"无关的事物感到浓厚的兴趣。不但如此，这类兴趣对他是必需的，可以让他生活于无痛苦的、十足的神仙境界中。"我们见到智慧高超的人，他的生命具有丰富的思想，生活充实而有意义，自身具备高贵的快乐源头，一旦能摆脱俗务，便为有价值和有趣的事情忙碌。"而只有"天才"，才会将这一点表现得淋漓尽致，他会整个地、绝对地把存在和事物的本质当作主题，用来表达个人对世界的独特观念，经由文学或哲学，对人生有所探讨。这样的人不但生活在自身的生命之中，还生活在才智的生命当中，而才智的生命引领他们度过不同于常人的一生，是上天的恩典。在叔本华看来，拥有此等天赋的人应该优游自在，思想和工作都不受侵扰，因为这是他们急需的。当然，智慧的人并非处处都能得到大众的理解，相反，天分高的人更可能疏远于他人的所作所为，"因为天分愈高的人，所能发现他人的天分愈少，他人喜欢的各种事物，他都觉得肤浅"。

有智慧的人，不会将快乐建立在对外物的追求上，他的快乐不会为外物所干扰，"一个人若是对某些东西并无希求，决不会觉得有所缺失，没有那些东西，他照样快乐"。他不会依赖名声、荣誉和别人的赞美而获得快乐，"那种导致人家赞美的优秀品质和伟大成就，比之赞美的本身更具价值。真相是，名声不能使得一个人快乐，使得他快乐的是能为自己带来名声的优秀品质，说得更明确一些，就是人们在德行上或是在才智方面所借赖的高尚性格和卓越能力。个人最好的天性必然对本人最为重要，至于他人对自己怎么个想法，也就是个人天性之反照所得的影像如何，对于本人的影响程度实在是微乎其微"。他珍视他的名声不会胜于珍视他的成就本身，"如果生时就名扬四海，智者是不会过于珍视的，因为那不过是他适逢走运，几个人的声音传开而有回响罢了"。而事实上，一个真正专注于事物本身、对事物本身感兴趣的人是忽略名声的，就像一些大艺术家，在艺术创作上孜孜以求，乐此不疲，在作品经营上却一窍不通，不谙此道，或者根本提不起兴趣，作品卖得好与不好，似乎与他无关，卖不卖得出去他都要创作，因为他享受的是创作本身。这样的人，也许表面不合时宜，但内心却是纯粹和幸福的。

  有智慧的人，是一个深入自知、自信、不在意他人褒贬的特立独行的人。"每个人的真实生存是在自己的皮肤之内，不在他人的看法上，将会大大增加我们的幸福感，这样，我们个人生活的实际情况——健康、性情、能力、收入、配偶、孩子、朋友、家庭等，比之他人高兴怎样看待我们，其重要何止百倍？没有这种看法，我们将是痛苦的。"世人的看法千差万别，每个人的角度和心态也不一样，我们的确不可为他人所左右，最需要关心的，是我们"自己意识中最直接的认识"。祛除纷扰，跟随内在的声音，更易回归本心，返璞归真。如此的一个人，骨子里实际是一个骄傲的人，骄傲是来自"内在"的活动，是人对自己的直接体认。"只有对自己卓越的才干和特殊价值具有坚定信念的人，才配称为骄傲（自豪）——人们据以自豪的信念也许是错误的，或者是建立在偶然的和传统的优点之上。然而自豪毕竟是自豪，只要它是诚挚的。"在此，他引申出自己的另外一个观点，认为"最低下的骄傲是国家骄傲"。也是为了强调个性的重要，在他看来，一个人对自己的国家感到骄傲，说明他自己没有什么品质值得骄傲，否则，他不会依赖与亿万同胞共享的东西而骄傲。"无论如何，个性远比国家性或民族性重要得多……国家性不过是人类的褊狭、悖逆和卑劣性格在各国所表现的特殊形式的另一名称。"是基于个性的小视角，亦是无碍、无界的大视野。

在强调精神、心智和个性的同时，他并不排斥物质和财富的作用，"人们爱财是自然的，甚至是必然的，钱财像永不疲乏的变形海神，人们不管有什么意愿或欲望，一时间决定要什么，它总是能立刻变成什么"。物质基础不仅能够实际地满足某一现实的需要，还能促成精神目标的实现，一个没有基本物质支撑的形而上者，不可否认地会受到相应的局限。因此叔本华在书中也强调了重视钱财、建立本金，不可让自己一无所有的重要性。"贫困像瘟疫一样，紧紧地依附于人们的生活中，钱财能使人免于这一慢性病的侵害，它使我们从自然命运的强迫劳动中解放出来。"借助钱财，而不依赖钱财，不将自己的人生幸福寄托在钱财之上才是明智之举吧。而且在他看来，生来不愁衣食的人，通常都是心境超然的人，他无须为生计绞尽脑汁，而是有更多的闲暇深入于自我的内在和本心，内观但不外求。

在以通俗的语言表述了自己的观点，给予读者诸多建议之后，于"思辨与箴言"一章中，叔本华似乎进入了更为内在、深入的思索，袒露了他的哲学底色——骨子里的他似乎并非总是如上述言辞表现得那么乐观，正如他赞同亚里士多德的观点：明智的人士所致力从事的是免于痛苦，不是寻求欢乐。他总是试图从欢乐的反面去感受欢乐，从幸福的反面去体验幸福。虽然他在前面说过，"我们的生存只不过是在两个永恒之间所占据的无限短暂的一瞬，把握和促进愉快感，应是我们努力追求幸福的最高目标"。但在这里，他又说：我们要尽可能地把目标朝向避免人生中的无数不幸，而不在于求取其中令人欣喜和惬意的事物，"毫无疑问，我们之所以获得生命，不是去享受此生，而是克服此生的困难——走完人生路"。似乎有些自相矛盾，对此我也并无同感，或者说感觉不尽相同。如果说快乐不可求，那么困难和挫折真的就是可以避免的么？我们获得生命，即便不是为了享受此生，至少也不只是为了克服困难吧？欢乐是虚妄的、稍纵即逝的，痛苦就不是虚妄的、稍纵即逝的吗？列夫·托尔斯泰不满足于叔本华的结论，曾经围绕人生的价值苦苦地求索，因为他隐隐地感到，在悲观之外，还应该有一种支撑人类幸福生活的力量。但无论如何，快乐忧伤，幸福困苦，并非所有的时候都能为我们左右，世界只是如其所是，因此，我们是否应该顺其自然，坦然地悦纳人生所有？当然，每个人有每个人的际遇和对生活不同的领略与认识，每个人有每个人的方式，即使同为哲学家，每个哲学家也有每个哲学家的方式，叔本华说，"衷心接受我这一番哲学的人——他们自然知道我们的整个生存并不理想，睥睨人生乃最高智慧——对此生的任何事物和情况，都不抱奢望。""我们前半生的主要特征，如果是渴望幸福但从未获得满足，我们的后半生就是害怕遭遇不幸。"这沉重的表述，就是世人将他的哲学称为悲观主义哲学的原因吗？

而在这沉重之中，如果说还有一线亮光的话，就是他并不反对活好当下，及时行乐，认为"拒绝现在的欢乐时刻，或是因为对过往和未来不安，而未能珍惜目前的好时光，就是极大的愚蠢"。而对欢乐的感知，是建立在平静的心境之上的，为此，就要减少外界的干扰和刺激，过简单纯朴的生活，与自己和谐相处。"除了跟自己以外，没有人能跟其他人完全情投意合，即使是最好的朋友，或是终身伴侣……那种真正的心境平静，那种内心的完全安谧，是尘世上仅次于健康所能给予我们的最高祝福，只在个人独处时才能够达到，而要让安谧成为一种持久的情绪,只有把自己安全置身于退隐之中。"在他看来,能否独处甚至与一个人的智力直接相关。在一个智力超群的人眼里,"到处都是一群群不值得交谈的人",伟大的心灵也不在乎是否有他人经常做伴,孤独是高贵心灵的显著特征。在此,他特别强调了文学和艺术创造的乐趣,"所有被重大目标所驱使、知道自己有力量创造伟大作品的人士,是最为幸福的。它给予那些人的一生更为高尚的兴味,一种罕见的恩典"。而遗憾的是,有些人却因外在的目的浪费了这种恩典。"就以本世纪(19)初的司各脱、华茨华斯、骚塞几位著名英国诗人为例子吧。他们在年老甚至在六十几岁时,毫无疑问的,在智力上变得迟钝无能。事实是,他们到达那一阶段时,因为受到大笔酬劳的鼓励而被牵引,竟至把文学当作买卖,为钱而写作,他们之所以低能,肇端就在这里。这种情况诱导他们不自然地滥用智力……甚至康德的情况也一样,他在成为名人之后,晚年不能免于过度工作。"是的,为超出需要的金钱和一切外在事物所奴役就是一种沦落和愚蠢。

在这一章中,叔本华还列出53个问题并作了解答,从处己之道,处世之道,处人之道,到对世道、命运的看法,一一给出自己的见解。最后一章延续这53个问题,谈人生的不同阶段,当叔本华说道:"只须记住,'欢乐'在性质上是负面的,'痛苦'是正面的。"我禁不住在旁边批注:"我们能否时时处于喜悦当中?比如此时,在紫竹院,在小鸟欢快的歌声中

· 135 ·

读书。"当叔本华在书里感叹人生痛苦之时,我在紫竹院的竹林间听到布谷鸟的叫声,愉悦正升起在心头,不同的气场,对哲学家的悲叹显然无法感同身受。

而接下来英国人伯卢克的一篇《快乐是责任》的代跋却诚正独特,欢喜自然,颇合我心,比叔本华更合我心。作者在这篇跋中引用厄匹特泰斯的话作为整篇文章的总基调:"有人要是不快乐,那一定是他自己的过错,因为上天是要让所有的人快乐。"作为一个英国人,他认为"欢乐英伦"这句老话即是实话,"真正的悲伤还得在东方寻找"。在伯卢克看来,"如果我们尽最大努力,如果我们不夸大琐细的繁难,如果我们下决心观察事物的真相(并非意味只看事物光明的一面),如果我们能利用围绕我们四周的各种福恩,我们大家一定会感到生命的确是光辉伟大的传承"。与叔本华相比,这显然是不同的看问题的角度,言语中多了许多明快的调子。在伯卢克看来,人们承受了无限的福祉,只要我们选择,宇宙的光辉和美丽是属于我们的,我们的愿望可在最大限度内实现,而且我们在寻求平安以及战胜痛苦和悲伤方面拥有伟大的力量,大自然的一切声音都可转变为欢乐的歌声。所有这些,都是从正面领会和解读人生。但对欢乐的体验并非建立在外物上,而是建立在对自我和世界的正确认识上的观点,却是和叔本华一致的。伯卢克再次引用厄匹特泰斯的话,"不要寻求事物按照我们的愿望而发生,而是愿望事物就是那么发生的,这样,我们可确保一生平安顺利……如果你希望拥有他人的任何东西，你就会失去自己的所有"。当然，正如伯卢克所说，他并非只看事物光明的一面，只不过面对疾病、困苦，他同样持积极的态度，"痛苦是预告危险的，是生存的一种不可或缺的必需品。如果没有痛苦，如果不是我们的感觉给予我们这些警告，围绕我们周遭的福祉不久就不可避免地变成致命的根源"。他赞同赫尔普斯所说："人们所经历的一切，都绝对是对自己最好的——'不幸'或'邪恶'并不存在。"他赞同塞内加所说："灾难转而为我们有利，大废墟为更灿烂的光辉开路。"悦纳所有，认为一切都是最好的安排。而我读哲学亦是从生病开始的，刹那间它在眼前洞开了一扇新的窗，使我看到往昔不曾看到的景象，仿佛电脑重启，使我看到自身生命更新的过程，于诗意的深度之上，加添了哲学的厚度，那是一种喜悦的感觉，是上天有意的恩赐，人生常新，每一种际遇都给予我们契机和启示。

"迷惑每一个感觉的美，满足每一种口味的美：最高贵和最可爱的模样，最艳丽和最精致的彩色，最甜美和最微妙的气味，最令人舒畅也最让人激动的和谐；日间阳光的灿烂，月色在天际的淡雅；湖、山、原始森林、无边无际的海洋，在这半个地球上的'静寂积雪的顶峰'，在另半个地球的炎热茂密的奇观，日落的安详，暴风雨的壮烈。我们生存之境地的每一种事物都赋有无穷的丰沛；我们所能想象和欲求的东西，随时都在我们周遭……"这是伯卢克在文章最后的描述，还是这样的景象更美，更与自我内心的景象吻合。

哲学卷：觉知，觉醒

《人生智慧录》，一本适合大众、相对通俗的哲学读物，并未涉及太过深奥的人生、哲学问题。

(《人生智慧录》，叔本华著，胡百华译，山东画报出版社，2016年1月第1版第1次印刷)

2016年6月29日

从美学到哲学
——读叔本华《叔本华美学随笔》

在这本书里,哲学家叔本华谈读书论思考关注自然探讨生死,以简明清晰的语言表明自己的观点,在有些方面带给读者的我以新的启示。

哲学家的头脑大概就是启发人生的头脑,他们的体内往往潜藏着比常人更深、更远、更内在的思考模式,由此发现常人不易发现的问题以及问题的本质所在。至少他们毕生在作如此的探索,从而使他们的一生成为思考的一生。叔本华说:只有本质上喜欢思考的人才能对事物提起客观兴趣,思考对他来说就像呼吸空气一样自然,而"只有经过深思的东西才能成为我们的真知"。

从这个意义上,他反对读书,认为太多的阅读会挤占思考的时间,以至于使我们的精神失去弹性。"书呆子学究就是阅读书本的人,但思想家、天才、照亮这一世界和推动人类进步的人却是直接阅读世事人生这一部大书。"这是他从切身体会的角度作出的诠释，一个天赋的哲学家，应当有着汩汩的思想源泉，他无须从外围获取养料，他自身就是丰沛的供给，他从当下经历的一切中获得启示，而不是书本，读书越多，可能越会干扰他的思考，因此他远离书本。作为一个嗜书者，我对于读书的态度虽不能像叔本华那么绝对，认为阅读的过程就是重复别人思维的过程，因为实际上自身在阅读中的能动作用以及读者与作者思想的交互不容忽视，阅读对我，有时是部分唤醒，有时是共鸣，有时则是给予启发和启示。在阅读之时，如果我们采取借鉴的态度，吸纳有益的元素来丰富自己，从欣赏的角度，于相同的观念中得到共鸣的愉悦，或者有意无意之中，从全新的思想中获得了启迪，我都认为是件有意义的事情，书籍常常给我们提供新的角度。但我赞同他所说的，读书不能代替思考，因为书本中的思想毕竟是他人的思想，任何一个别人的思考都无法代替自己的思考，正如他们无法代替自己去生活一样，而"只有自己的根本思想才会有真理和生命力"。过多的阅读有可能真的成为我们的羁绊，当我们的头脑被他人的观念所充塞时，我们有可能阻碍了自己的思考，当我们的头脑被太多的知识所填满，我们有可能已经将自己禁锢在了知识的束缚中，这些负面的影响，被叔本华称为"巴比伦式的语言混乱"和"杂乱的聒噪"，会让我们失去清晰的见解，所以，我们涉猎知识，却不能被知识捆缚，我们阅读他人的思想，却不能被这些思想左右，即使热爱阅读，也应留出一些时间放下书本，让生活进来，书本是死的，而生活则是一本比书本更加鲜活的大书。对此叔本华说得更加肯定："我们只能在自己的思想源泉干枯的时候去阅读。"而且阅读也不能生吞活剥，而是要经过自己的思维，真正融入自己的思想体系，否则它永远不是你的，阅读也将失去意义。

哲学家必然不是一个阅读的头脑，而是一个思考的头脑，对于叔本华而言，自发思考之外的闲暇，才是阅读的时间。而哲学家之所以成为哲学家，是他的体内有一种不同于常人的特质，时时导引着他成为哲学家。

这一特质，决定了他只能是一个独立思考的人。冷静的思考产生了清晰的思想，清晰的思想反映在文学作品中，就是简洁明了的语言。只有在写作的时候是直接从自己的脑子里掏东西的人，才会写出值得一读的作品，"真正有思想的作品与其他的泛泛作品的区别之处，就在于前者具有一种断然和确切的特质与连带由此而来的清晰、明了。这是因为有思想的人总是清晰、明确地知道自己要表述的是什么——而表述的方式可以是散文、诗歌或者乐音"。有思想的人都是果断、有主见的，他们的主见反映在他们的作品中，像简明的音符和主旋律，给他们的作品加添了力度。"作者对人生世事的了解到底是深刻抑或是肤浅，决定了他们文学作品的好坏。所以，正如对事物的了解有着无数的深刻度和清晰度，同样，文学家也有着无数等级……但最好的作家之所以认出自己就是最好的作家，原因就在于他看到了别人的眼光那么的肤浅，在别人所见的后面，却隐藏着如此之多别人无法重现的东西，因为别人根本看不见这些东西；他也看到了自己的眼光和图像却深远得多。"这些作品，深刻而清晰。而那些冗长的、绕来绕去自己都不知道自己在说什么的作品，很可能是从书本得来未加咀嚼的"二手货"。水平低下者以求得赞赏而获取安慰，真正有成就的人却对成就视而不见。"不少人写作就是为了获取金钱或者谋取职位。所以，这样写出来的东西不仅毫无用处，而且是绝对有害的。我们当今十分之九的文字作品除了蒙骗读者，从其口袋中抠出几个铜子以外，再没有别的其他目的。为此共同的目的，作者、出版商、评论家绝对是沆瀣一气、狼狈为奸。"叔本华的时代如此，今天的时代恐怕更甚，一夜之间冒出来的畅销书最有嫌疑，据出版界的朋友说，有些书全然就是为了迎合市场请"枪手"在极短时间内炮制出来，他们考虑的不是时间，不是隽永，不是思想，也不会顾忌叔本华说的，"只要他是为了谋利而写作，那写出来的东西就开始变质"，而是抢时间，如果在事端最热的这段时间里捞上一把，就是他们的最大成功，在他们眼里，只有财富，只有成功。而且，叔本华时代经历的半偷窃、半模仿书名的行为，在当今也十分流行，见一本书赢了利，大家纷纷借光，类似的书名一窝蜂全来了。这背后全是利益的吸引。恰巧社会大众的思想也不像期望得那么高尚，就像我的图书在出版时，一位执意更改我书名的出版社编辑所反问的："太文雅太高大上了谁看啊？！我也知道书名并不理想，可是大多数人就是喜欢这样。"那一刻，我无语又沮丧。我不知道这样的疯狂和扭曲会将世界引向哪里，但这理念显然是与我内在的想法相悖的。叔本华说，那些写给傻瓜看的东西总能找到大群的读者，利益链条上的评论者也不可信，尤其是那些文艺杂志和日报，他们只是希望在平庸的读者中寻找到消费市场。他同时又说，被利益炒作出来的虚假名声是以大众缺乏判断力为前提的，"发自认识的真心赞扬来得既慢又迟"，而对于有头脑的清醒的阅读者来说实在是浪费时光，"这些时间本应投入到真正优美的作品中去，以修养和熏陶自己，而不是消磨在平庸之人每天都在推出的拙劣作品上面"。保持清醒的头脑和独立的思考和判断能力，用自己的眼睛去发现，用自己的嗅觉去寻找，就显得更为重要。

而从哲学家的角度，文学作品中自然亦应加添哲学的深度，"文学就通过个别的情形，通过例子让我们了解到人的柏拉图式的理念，而哲学则教导我们在普遍和总体上认识透过个别显现出来的事物的内在本质。文学所寄托的更多的是青年的特性，而哲学所承载的更多是老年人的特质"。在哲学家的叔本华看来，思想亦是文学的灵魂，"诗人的思想降临之时就已是配好了韵脚。相比之下，那些平庸的诗人却费力为其思想找出韵脚；而拙劣的诗作者则为韵脚而寻找合适的思想"。永恒的作品从不追求永恒，天然就带着永恒的气质。然而曲高和寡，优秀的作品等待同频的读者去感应，并在能感应到它的读者中存活，"一件作品要永恒不朽的话，那这一作品就必须具备多样的优点，以致要找到一个能够理解和赏识所有这些优点的读者也不容易。但是，总会有某一位读者赏识这一作品的某一优点，而另一位读者则敬慕这一作品的另一优点。这一作品的声誉和名望就以这一方式持续保持多个世纪"。当然，理解一部文学作品或许并不难，而要深入地理解一部哲学著作恐怕就不是一件容易的事了，这一点在叔本华所做的最易获得人们快速赏识的事物排序中就可看出来，这个排序先后是：走钢丝演员、马戏团的花样骑手、芭蕾舞演员、魔术师、演员、歌手、乐器演奏家、文学家、建筑师、画家、雕塑家、艺术家，最后才是哲学家。"因为哲学的著作给读者带来的不是娱乐，而只是教诲；要理解这些著作必须具备一定的知识；并且，这类著作也要求读者在阅读时付出相当的劳动。""欣赏一部优美的作品需要敏感的心灵；而理解一部思想性的作品则需要思考的头脑。"然而从美学到哲学，却是一个质的提升。

依循这个角度他谈文体和写作，也主张朴实无华，将文字与思想乃至生命融入一体，以自己本有的样子示人，而非曲意逢迎。"一个真正的思想家都是努力争取以尽量单纯、清晰、准确和扼要的方式表达自己的思想。"简单、清楚、朴实地表达出自己的看法，将要传达给读者的东西清晰地传达出来。这当然还是由清晰的思想本身导致的，在他看来，清晰的思想很容易找到恰当的表达，能想出来的东西总能找到清楚、易懂、确切的语言，就像平庸的作者头脑混乱，语言也空洞、沉闷。在此他特别批评了德国的浅俗拖沓，认为那是文字垃圾。尤其对黑格尔，抨击之烈几乎到了无以复加的地步，说他是彻头彻尾的江湖骗子，冒牌哲学家，时时想起，时时批判。

"纵观文字写作的历史,无论古今,还真不曾有过什么虚假名声与黑格尔哲学的虚假名声相比。还从来不曾有过如此拙劣、如此明显荒唐虚假、如此赤裸裸的空话、不知所云的字词、令人恶心和作呕的内容,能像这一彻头彻尾毫无价值的假哲学那样,竟然可以这样被厚颜无耻地捧为这一世界至今为止还从未见过和赞颂过的、最博大精深的智慧。""同时代人的赞语根本就和一个街边妓女没有两样。"虽然历史有时确实充满了偶然,站在那个时代看那个时代亦难免迷惑不清,但我还没读过黑格尔,不了解同时代的叔本华发出此声的背景与动机,也不了解两位在他们同处的时代有过什么样的交集,因此还无法判断他的评判是否客观。但我赞同叔本华所说的:那些非凡的创造,那些注定是属于整个人类、要在多个世纪中存活的著作,在其产生之时就已走在了远远的前列。这些巨著并不属于这些时代的文化和精神,甚至与这些东西格格不入,而是属于另一更高的文化阶段和某一仍然遥望的时期。所以这些作品暂时不会得到公正待遇,因为人们不知道如何评判它们,"地上的爬虫的确无法看见天上的飞鸟"。在这里,他表露了潜在的自信,似乎也是对自己哲学的一种预见。事实是,他的哲学自产生的三十年里,直到他写下这些议论的时候,还没有人看到其价值。而每一个自信的人头脑中都有清晰的预见,他在清晰的心灵影像中看到自己的未来。"谁要是有了某一真正伟大的思想,那在这一思想孕育的瞬间,他就已经意识到自己与将来的后代产生了关联。这样,他就可以感到自己的存在扩展了多个世纪；以此方式他不仅是为了后世而活，而且还将与后世同活了。"

然而当他批评有些读者信笔而写，不理会读者是否可以读懂，写作完全是主观而非客观时，我却有不同看法，认为这也不是绝对的，不能一味地将哲学加诸于文学。有些写作，头脑中真的就是无读者，无出版，无其他，至高的境界或许就是顺应内心的自然流淌。当然，上乘的作品脉络自然应是清晰的，在这一点上，与叔本华依然是一致的。

当然，在整本书中，最引人注目的是最后一章《论死亡》。"死亡是真正激励哲学、给哲学以灵感的守护神，或者也可以说是为哲学指明路向的引路者……如果没有死亡这回事，也就很难再有哲学的探讨。"如果说谈论音乐、文学、自然是轻松的，那么探寻死亡无论如何也不是一件轻松的事，这个谜底人人在探寻，并非人人都找到了，甚至很有可能在有限的时光里人人都找不到，但它还是吸引了众多的人，尤其是哲学家，一如既往地寻找，即使找不到，他们也从未丧失探寻的兴趣。作为读者的交互，在这个部分，大概也是最费脑筋、最为艰涩的部分。

叔本华看到，威胁人们的最大不幸或者说最糟糕的事情是死亡，人的最大恐惧是对死亡的恐惧。世人对于死亡的看法，不外乎在两种不同的意见间左右摇摆：一种意见认为死亡是绝对的毁灭，另一种认为人可以长生不朽。对于这两种看法，叔本华都不认同，但他也未非想要在两端中找到一个正确的中间点,而是试图站在一个更高的角度审视这一问题,让上述结论自行瓦解。

在叔本华看来,人生短暂,无论怎样,都很快会结束,在这个短暂的过程中紧张担忧是件可笑的事,因此他认为,对生的难以割舍之情是盲目和非理性的,对此只有一个解释:我们的整个生存本质就是生存意欲。或者换句话说:生存意欲就是人的内在本质。而生存意欲的全部本质就在于渴望生命和存在。在他看来,抗拒死亡的生存意欲却是盲目的。死亡之所以显得可怕是因为人们想到了非存在,然而,"死亡以后的非存在与出生前的非存在不会有什么差别,因此,死后的非存在并不比生前的非存在更让人悲痛"。这的确是一个新的视角,"在我诞生之前,已走过无尽的时间;我在这段时间里是什么呢"?这同样是一个发人深省的问题。"在我不曾存在之前,同样是一段绵绵无尽的时间;那种状态不是已经相当适应,一切不都是挺好的嘛。这是因为我将不再存在的无尽时间并不比我不曾存在的生前无尽时间更加可怕,原因在于把这两者区别开来的只是在这两者之间有过一场短暂的人生大梦。"由此他做出推断:为我们将不再存在而悲哀,就跟为以前我们不曾存在而悲哀同样的荒谬。听起来是有几分道理的,至少在读着这些句子的时候他说服了我。这让我联想到十几年前自己晕倒的一次经历,那个失去知觉的过程就是一个睡着了不做梦的过程,无知无觉,当然也无所谓痛苦悲哀,在这个经验上,我认为叔本华的推断很可能是可信的。他说:"把非存在视为不幸本身就是荒谬的。"当然，即便如此，即便他的说法完全正确，此时已然来到世上的我们也没必要自觉地放弃生命，在这个短暂的人生阶段，尽可能地活出美好的姿态依然是我们最为首要的责任，更何况那实际上是一场冒险呢。所以在对这个问题的看法上，我无法认同叔本华厌世的态度，他认为人来到世上，是进入了一个有着许多苦难、极少快乐的存在，死亡则是从一场沉重梦魇中醒来。这多少蒙上了一层悲观色彩。"绝大部分，甚至是几乎所有人，其构成决定了他们不可能是快乐的。"这又未免太过悲观和绝对了，在他看来，死亡是改变自我的大好机会，停止目前的存在，方可从本质源泉里生成新的和另一种样子的存在。此种学说显然是建立在消极否定的基础上的，而且谁又能确保那另一种存在就一定是"真正、原初的自由重临"而不是佛教所说的无限轮回呢？因此只可随便听听，万不可贸然采纳。在对待现世的问题上，为何不能明亮一点？为何要舍弃现世肯定虚无呢？殊不知世上还有另一种态度注重当下，当下不仅是看得见的存在，亦是最好的安排。

　　在表明死亡并不可怕、不可悲的基础上，叔本华又将个体命运融入大自然的普遍法则中去思考生死，站在一个他所说的超然的高度，去证明"我们的真实本质是不灭的"。个体的生命都是大自然普遍伟力作用的结果，生死等具体的形式和状态会改变，但决定生死的法则却永恒不变，自然的生命力完全不受形式和状态存亡的影响。生物体也不因个体的死亡而遭受绝对的毁灭，而是继续存在于大自然当中，死的终点就是生的起点,"死亡不会妨碍生命种子、意欲的展现"。个体的生命最内在的本质存在于种属之中并在种属中继续延续。对我们来说,生死是一场最高的赌博,但大自然的表达却全然不同,在它眼里,个体的生与死根本就是无足轻重,它听任生死,而万物持久存在,周而复始。"如果我们能够看深一层,我们就会同意大自然的意见,对生、死也不不在乎了。""不要因循先入为主的古怪想法,要改换新思想,追随大自然的指引!"这和古罗马帝王哲学家马可·奥勒留·安东尼的看法一致,而且马可·奥勒留·安东尼也是如此践行的。

叔本华以此来反驳长生不朽或化为乌有:人们只能在设想自己不曾诞生的同时才可以设想自己长生不朽。何为诞生,根据其本质的含义,亦即何为死亡,这是同一条直线向着的两个方向。如果诞生真的就是从无中生成,那死亡也不是真正的化为乌有。但事实上,只能借助我们真正本质的长存才可以想象出这一本质的不灭,这种不灭因而不是时间上的。认为人是从无中被制造出来的,必然就会引致这样的看法:死亡就是人的绝对的终结。"谁要是把自己的存在理解为纯粹是一种偶然的产物,那他也就当然害怕由于死亡而失去这一存在。相比之下,任何一个哪怕只是泛泛地看出自己的存在,是建立在某一原初的必然性基础之上,那他是不会相信这一带来了如此奇妙的存在的必然性,就只局限于这么短短的一段时间;相反,他会相信这一必然性在每一阶段里都在发挥作用。"由此可以唤醒我们的信念:在我们身上,有着某样东西是死亡无法毁灭的，那这一唤醒工作最终只能经过提高我们的审视角度才得以完成。从那提高了的角度审视，诞生并非我们存在的开始。在叔本华看来，只有意欲不灭，死亡所留下的，是另一个存在的种子，"在这另一个存在里，新的个体重又看到了一个新鲜、原初的自己，他对自己啧啧称奇了"，并且说："作为自在之物的意欲把这些个体性和记忆甩掉，这就是阴间忘河的作用；通过这种死亡睡眠，意欲配备了另一副清新的智力，并以另一更新了的存在再度出现。'新的一天招呼着新的海岸。'"作为自我肯定的生存意欲，则扎根在人的种属之中。"人身上的意欲本身就是个体的意欲，在死亡的时候就与其在受孕的时候从母亲处所获得的智力分离了；现在，性质、构成已经有所改动的意欲，就遵循着世事发展的必然进程，经由新的受孕获得与之相称的智力。连同这一新的智力，他（它）又成了新的存在；但对此之前的存在他却再也没有记忆，因为那唯独具备记忆能力的智力是可朽的部分，或者说只是形式，而意欲却是不朽的，是物质。据此，要描述这一学说的话，'重生'一词比'灵魂转生'一词更加准确。"他认为新生儿的诞生和逝世者的死亡之间有着某种联系，这种联系见之于在经受了突然性的瘟疫之后，人们所表现出来的强大的生殖力。"虽说某一新诞生的生命清新、欢乐地进入存在，并像享受一样礼物般地享受这一存在，但在这世上却没有也不可能有免费的礼物。这一生命新鲜的存在是以老年和活力过去之后的死亡为代价——那一活力不再的生命已经沉沦，但它却包含了不可消亡的种子。正是从这些种子形成了新的生命：这两者是同一样的东西。能够阐明这两者之间的过渡，也就当然解开了一个巨大的神秘之谜。"

不计其数的人们试图去解开这个神秘之谜，但至今并未有一个确切的说法能够成为定论。生死问题虽是不容回避的大课题，但毕竟不是容易参透的课题，既然事实无法更改，我们又何必太过劳心费神呢？顺其自然何尝不是另一种可取的态度呢？

（《叔本华美学随笔》，叔本华著，韦启昌译，上海人民出版社，2014年4月第2版，2015年1月第2次印刷）

2016年7月1日

叩门吧，人家会来开启
——读莫罗阿《人生五大问题》

婚姻、父母与子女、友谊、政治与经济机构、幸福，人生五大问题。人在有心情奢谈人生之时，言语间便多少流露着些闲适的美感。而这本书的看点又不只在闲情和消遣，而是在跟你聊天的过程中，不知不觉地给予你影响和指点。因为他的语气那么平和中肯，他的分析那么和蔼友善，他的思想那么健康积极，有时感觉就像一个长者在循循善诱。

谈及婚姻，他的结论是：婚姻绝非如罗曼蒂克的人们所想象的那样；而是建筑于一种本能之上的制度，且其成功的条件不独要有肉体的吸引力，且也得要有意志、耐心、相互的接受及容忍。由此才能形成美妙的坚固的感情、爱情、友谊、性感、尊敬等等的融合，唯有如此方为真正的婚姻。在他看来，是否好的、真正的婚姻，取决于结婚之初甚至之前是否具有维护婚姻、得到幸福的强烈意愿。"一件婚姻的成功，其主要条件是：在订婚期内，必须有真诚的意志，以缔结永恒的夫妇。"基于这个很低的标准和基点,他认为只要你愿意,婚姻都是可以走向成功的,"婚姻的本身是无所谓好坏的,成败全在于你"。相对于跟着感觉走的纵欲主义,他认为婚姻是可控的,双方的共同意愿和决心能够达成稳定的家庭形式,而婚姻、家庭归根结底是男人和女人都无法离开的。

但婚姻的过程并非是一帆风顺的过程,朝夕相处的两个人除了经历背景的差异,还有不可忽视的性别差异,"女子的天性,倾向着性爱与母爱;男子的天性,专注于外界。""如果情欲胜过了他的任务,男子也就不成其为男子了。"劳伦斯也说过:"唤醒男子的最高感应的,绝不是女子。而是男子的孤寂和宗教家般的灵魂,使他超脱了女人,把他引向崇高的活动。"如果对这些视而不见或不加理解和容忍,婚姻势必陷入无法自拔的困境。莫罗阿说,当女人试图在种种方面支配丈夫的生活时,她就变成了可怕的女人;而当男人把女人或女人与孩子作为自己的生命中心时,他便堕入绝望的深渊。如果忽视这些,不对人性作深入的理解和探究,幸福而持久的婚姻便难以达成。因此,莫罗阿认为婚姻就是两性的合作,"在幸福的婚姻中,每个人应尊重对方的兴趣爱好。以为两个人可有同样的思想,同样的判断,同样的欲望,是最荒唐的念头"。而对"相同"的期待却是初涉婚姻或对婚姻抱有完美期待的人们易犯的错误,现实的无法改变常使他们陷入失望痛苦之中。

"真正幸福的婚姻中,友谊必得与爱情融和一起……两个人得承认他们在精神上、灵智上是不相似的,但他们愉快地接受这一点，而且两人都觉得这倒是使心灵上互相得益的良机。"这让我想起在对待女儿的问题上，先生前不久对我说的一句话，针对我说话的直接和急迫，以及由此带来的被抵触的后果，他说："你只有对我能这么说。你对谁也不能这么说。你只有对我这么说我才不误解你，因为我已经研究你二十年了。"刹那间竟使我陷入感动。的确，虽然我们实际上也是有着巨大差异的两个人，但在我们相识的19年来，他一直在"研究"我，了解我，极尽了所能"投其所好"。尽管这个了解的过程是艰难的，有时还遭到不屑和打击，但他始终具足信心不言放弃——正是这份坚持，成就了我们当前的幸福。而这个过程，也是我的认识逐渐发生改变的过程。在此之前的许多年里，我曾固执地认为，爱是相互选择的，不是相互适应的，对天然"相同"的追寻和期待也曾使我陷入自寻的痛苦之中。我想，莫罗阿的教导，对于那些对婚姻怀有幻想的青年是很有助益的。

　　论及父母与子女，莫罗阿阐述了家庭之于个体的重要性，强调母亲在家庭中的重要角色，以及在孩子幼年的时候母亲对他（她）施予了重要影响。他以他的良苦用心让大家谨记：家庭是幼年时代的"爱的学习"。"孩子呢？如果他有福分有一个真正女性的母亲，他亦会受了她的教诲，在生命初步即懂得何谓毫无保留而不求报酬的爱。从母爱之中，他幼年便知道人间并不完全是敌害的，也有温良的接待，也有随时准备着的温柔，也有可以完全信赖而永不有何要求的人。这样开始的人生是精神上的极大优益；凡是乐观主义者，虽然经过失败与忧患，而自始至终抱着信赖人生的态度的人们，往往都是由一个温良的母亲教养起来的。"

他还论及了家庭中平等化的平凡性，父子、母女关系，以及长子、次子、季子的不同性格等等，颇有新意。他说一个人的特长，往往不被家庭所看重，此即家庭中"平等化的平凡性"。父母在好几个孩子中间，要把母爱和父爱极力维持平等，以不对长子、次子、季子中的任何一个造成隐秘的伤害。同时夫妻双方要避免在孩子面前的战争与不和，"你们得想一想，在儿童脑海中，父母的世界不啻神仙的世界，一旦在这世界中发现神仙会战争时，不将令儿童大大难么？他们先是感到痛苦，继而是失去尊敬之心"，深受启发。爱是一门学问，在担负教育孩子的责任之时，父母应与孩子共同成长。

论及友谊，莫罗阿认为友谊不是交易，不是算计，也不是彼此利用、礼尚往来的"交情"，正如爱情始于爱情，友谊亦始于友谊，是一种无功利的纯粹情感。"必得要有高尚的心魂，方能做一个安乐的朋友而心中毫不存着利害的观念。"能够帮助人的朋友，须是怀着巨大的真诚和信任，猜透对方的思虑，在他开口之前就助他。想到当今的中国社会，想到人们苦心编织的纷繁复杂的"人脉"和关系网，想到许许多多貌似亲密和火热的交往，都只是为了"有用"之目的，为了获得一己之利，未免有些失望，顿然间丧失了很多的兴味。这些关系或交情已与友谊相去甚远了。

　　古人云：以利相交，利尽则散。莫罗阿说："凡是用得到我们时来寻找我们，而在我们替他尽过了力后便不理我们的人，我们从来不当作朋友看待的。"在今天，相互利用的关系似乎已成常态，纯粹的友谊已成为奢侈。这是人性的悲哀，还是世道的悲哀？

　　在友谊问题上，莫罗阿还论及了友谊的缘起、友谊保持等，在男女之间是否有纯粹的友谊的问题上，他基本是持否定的态度，男女友谊，不管从哪个维度，都很难做到纯粹。

　　论及幸福，莫罗阿说："构成幸福的，既非事故与娱乐，亦非赏心悦目的奇观，而是把心中自有的美点传达给外界事故的一种精神状态。"他首先强调的是"心中自有的美点"，一个心怀美好的人才能感应到外界的美好，获得由衷的幸福。"幸福的人在凡百事物中观察到他的幸福的光芒，却极难窥到幸福本体。"幸福是一种精神状态和心理状态。

　　他对阻碍幸福的因素进行了剖析，得出的结论是：很多的时候，这些所谓的阻碍都是假象，实际并不存在。"我们的疾苦多数是假想的。有真的病人，亦有自以为的病人，更有自己致病的人。""和志愿病人或幻想病人一样，亦有幻想的穷人。你说如何不幸，因为普及全人类的经济恐慌减少了你的收入；但只要你还有一个住所，还能吃饱穿暖，你说的不幸实是对于真正的贫穷的侮辱。"而未达成目的的失败的不幸，诸如失恋、计划的落空等等，也大都并非实在的不幸，而是"见解上的不幸"。真正不幸的人，是挣扎在生命线上的人。一切非实际的给予和形而上的说教，对他都无法产生实质性的作用。"用哲学去安慰饥寒交迫的人无疑是和他们开玩笑。他们需要的却是粥和温暖啊。"因此，一切的无病呻吟都暗含着虚伪和矫情。正如傅雷先生在其另一本译著《贝多芬传》的"译者序"中所言："唯有真实的苦难，才能驱除罗曼蒂克的幻想的苦难；唯有看到克服苦难的壮烈的悲剧，才能帮助我们担受残酷的命运……不经过战斗的舍弃是虚伪的，不经历磨炼的超脱是轻佻的，逃避现实的明哲是卑怯的。"观照自身，我们有什么理由为了不足为道的芝麻小事而自寻烦恼、践踏人生呢？那些从风雨和苦难中走过而获得幸福的人，他的幸福是深刻而宽广的。

而平常的人生中，"一味地追求财富和荣誉，差不多老是要使人变得不幸……为什么？因为这一类的生活，使人依赖身外之物……然而凡是追逐不靠自身而依赖外界方能获得幸福的人，命运总是和他作对的啊"！就如当今的人们，对于财富的追逐并未使他们身陷幸福之中，相反，却招致了诸多的烦恼和焦躁不安，在物欲的支配下，做出许多不理智的蠢事。而当整个社会都陷入对财富、对外物的疯狂追逐，随之而来的甚至是不可避免的灾难，诸如生态的破坏、环境的污染、食品药品质量的严重不可信赖，等等已经严重地危及了人类自身。

当然在本书中论及幸福，莫罗阿更多还是从个体的视角去探讨幸福的实质，认为真正的幸福是与爱、与创造的喜悦，换言之，与自我的遗忘混合的。而爱与喜悦有种种不同的方式，从两人的相爱直到诗人所歌咏的宇宙之爱，他对艺术之中隐含的幸福给予了特别的肯定。"唯有神秘的认识或是艺术或是爱或是宗教，才能触及对象本体，唯有这认识方能产生心灵的平和与自信，方能产生真正的幸福。""信仰、明智、艺术，能令人达到短暂的平衡状态。随后，世界的运行、心灵的动乱，破坏了这平衡，而人类又当以同样的方法攀登绝顶，永远不已……确信有此固定的中心点即是幸福。最美的爱情，分析起来只是无数细微的冲突，与永远靠着忠诚的媾和。"深有感触，当陶醉于艺术的创造，哪怕只是潜下心来写几段文字，涂几幅小画，内心亦会升起源源不断的喜悦。我常常获得这样的幸福。

爱亦如此。"凡是一个青年能借一个女子的爱而获得的幸福，做母亲的能借母爱而获得，做首领的能借同伴的爱戴而获得。艺术家能借作品之爱好而获得，圣者能借神明之敬爱而获得。只有一个人整个的忘掉自己，只要他由于一种神秘的动作而迷失在别种的生命中，他立刻沐浴在爱的氛围中了，而一切与此中心点无关的世变，于他显得完全不相干。"

幸福，原本是易得的。生命中微小的事物无意间都在给予我们幸福的启示。让我借用圣者玛蒂安的两句名言作为本文的结句吧：你要求罢，人家会给你；寻找罢，你会获得；叩门吧，人家会来开启。因为无论何人，要求必有所得，寻找必有所获，而人家在你叩门时必开启……

而书中谈及政治、机制的部分，不是我感兴趣的内容，不赘述。

（《人生五大问题》，莫罗阿著，傅雷译，生活·读书·新知三联书店，2014年6月第1版，11月第2次印刷）

2015年2月7日

信仰照亮人生

——读列夫·托尔斯泰《忏悔录》

大文豪列夫·托尔斯泰的人生跌宕起伏，从参军著述到厌弃贵族生活与农奴为伍，他的行迹跟随他的思想发生了天翻地覆的变化，罗曼·罗兰曾经写作《托尔斯泰传》，记述他不同寻常的一生，然而想要深入了解其内在的思想动因和精神脉络，还须读他本人的《忏悔录》——这是解读他人生奥秘最可靠的一把钥匙。

和其他贵族一样，托尔斯泰的青年时期也是在衣来伸手饭来张口的奢靡生活中度过，但他对自己和周遭的世界不无失望。"回望这些年，伴随记忆而生的都是诚惶诚恐、极端厌恶和痛彻心扉。战争中我残忍杀戮，给对手设套决斗，而后毙之。赌博输钱，剥削农民的劳动，然后将其处死。荒淫无度，谎话连篇，偷鸡摸狗，信口雌黄，私通旁族，纵饮无度，凶残暴戾，戕害人命……没有一种罪行我没干过，人们却以此来夸奖我。"如此地度过十年之后，他将注意力转向写作。他没有隐瞒自己写作的动机："由于爱慕虚荣和贪恋金钱，我开始写作。在我的作品中，写的都是生活中发生的事。为了猎取功名利禄（我写作的目的），我在写作过程中故意隐藏了美好的一面，把丑陋的一面展露在世人面前，我就是这样做的。"难以想象，那个曾经以伟大作品震撼了世界的人，内心也曾隐藏着不尽高尚的动机和阴暗面，然而对于文学家而言，坦白也是一种真诚，直面内在的阴暗也是一种勇气。不仅仅是他本人，他对整个的作家群体都失望了，因为他发现这是一群"无良之人"，其所谓的信仰都是用来骗人的。"我们大家那时都坚信，我们需要尽可能又快又多地去讲话、写作、发表——这可是全人类的福音……我们没有察觉，其实我们什么都不知道，乃至关于生活最简单的问题——什么是善，什么是恶，我们都不知道应该怎么回答。我们从不彼此倾听，大家一起七嘴八舌，有时彼此迁就和夸奖，为的就是获得别人的迁就和夸奖。""尽可能多地获得金钱和赞扬，才是我们藏在内心深处的出发点。为了达到这一目的，我们什么都不做，只是尽可能多地著书、写专栏。"而生活在同一个时代的大众，却"用迷信隐藏自己对生活的不解"。

从信教的家庭出来，但他最终也对宗教产生了怀疑。"一直以来，公开承认信仰东正教的人，往往都是愚昧、残酷和不道德的，这些人大都自以为是；相反，不信教的人，大多都是睿智、诚实、正直、善良和高尚的人。"

这一切，让托尔斯泰陷入了无限的迷茫和沮丧之中，仿佛走到人生的边缘一下子失去了方向。托尔斯泰将注意力转向读书、思考和自我完善，但却无法解决他内心的困扰，此时有一个声音反复在他的头脑中回响："生命的目的是什么？生命去向何方？"他失去了前进的动力，因为他感觉一切都是虚妄，甚至不再希求了解真相，"因为我已经猜到了这个真相究竟是什么。真相就是——生命是彻底的虚无"。他陷入了全然的精神危机，"我碌碌无为地活，兜兜转转地过，不经意间进入一个深渊，并且清楚地看到，除了死亡前面什么都没有"。似乎有一种难以抗拒的力量指引他摆脱生命的束缚，自杀的念头一遍遍在他心中升起，为了防止自己于一念之间做出傻事走向绝境，他将身边的绳索、刀械藏起来，藏到自己不便拿到的地方。而这件事正是发生在在外界看来无论从哪个角度，都是他最好的人生阶段，那时他还不到50岁，有两情相悦的妻子，优秀的子女，有良田万亩，有农奴为他劳动，他备受尊重和赞扬，拥有很高的声望……然而这一切都无济于事，都无法填补他内心的虚空、无望和无助，都无法阻止他看到万物走向死亡的事实，面对如此的终点，一切都索然无味。

然而，他同时又隐约地意识到，在潜在的意识里，他似乎又不想了结生命，不然为什么要藏起绳索？为什么要避免这样的事情发生？当确信了这一点，他开始求索：人生的价值和意义究竟是什么？

寻找的过程是个艰辛而痛苦的跋涉过程，他试图求诸于知识、生命科学、宗教、哲学，但没有一个领域给予他满意的答案。"人类的知识似乎可以分成两个对立的半球,在相对的顶点各有两极,一个是消极的,一个是积极的,然而无论是在哪一极,都没有生命问题的答案。""如果把注意力转向那些回答生命问题的学科,比如生理学、心理学、生物学、社会学,你就会看到思想惊人的贫乏。"有的学科根本没打算回答生命问题,自然科学面对终极问题,得出的结论"都是无关紧要的废话"。就连以了解生命无因果联系的本质为使命的思辨科学在谈及这个问题时也是"废话连篇"。哲学,或许揭示了生命本质,但没有回答这种本质为何存在,现在是什么样子,未来又会变成什么。"哲学不仅没有回答我,它自己也在问。""不论我怎么样琢磨这些哲学的抽象答案,都没办法得到哪怕是与我想要的答案相近的结论。"在寻找生命问题答案的过程中,他说他和在森林中迷路的人的感觉完全一样,他找不到,但他继续寻找。此时他的心中,对于生命意义的答案依然是"毫无意义",对于生命未来会变成什么的猜想依然是"没什么"。他找不到生命的根据和依托,依然置身于险境之中。

在此之后,叔本华、所罗门和释迦牟尼进入了他的视线,引起他的关注,然而叔本华说:"生命就是罪恶,它什么都不是,向虚无转化才是生命唯一的幸福。"所罗门说:"凡事都是虚空,凡临到众人的事,都是一样。义人和恶人都遭遇一样的事。"

人生没有意义,是罪恶是虚空,然而他依然活到了今天,然而，"整个人类，成千上万的人仍在忙于生计，却不曾怀疑过生命的意义"。由此他陷入深层的思考之中。"早在很久以前，从有我所知的生命之时起，人们就生活着，并且了解生命的空虚和论断，这些论断在我面前展示了生命毫无意义的一面，但是人们仍旧活着，并且赋予了生活某种意义。"他对"人生没有意义"的结论产生了怀疑，他反问自己：我个人通过推理得出的"毫无意义"的结论，就能代表全人类对待生命的看法吗？

　　这个反问，是托尔斯泰进入深层探索的一线新的契机。他开始审视自己的圈子，他说："我明白了，这个狭小的圈子是由学者、富人和闲人组成的，我也属于这个圈子。我那时竟觉得，这个圈子就组成了整个人类。至于亿万前人和今人，那些'他们'，从某种程度来讲，是畜生，不是人。"他意识到，自己在"理智"地思考生命时竟忽略了周围人的生命，他认为这是致命的错误和荒唐所在。而叔本华、所罗门也是和他一样生活在这个狭小圈子里的人，因此他们的视野和结论不足采信。"总之我明白了，如果我想活着，并且明白生命的真谛，那么我不应该在那些已经失去生命意义并且想自杀的人身上去寻找，而应该在亿万人身上去寻找，无论他们活着还是已经逝去。因为这些人正在创造，或者创造过生活，并且能够为自己和我们大家的生活负责。当我注意到这些逝去的前辈和活在当下的普通人，而不是那些知识分子和有钱人时，得到的是全然不同的结论。"这些人，非常清楚地回答了他的问题，清楚地解释了自己生命中的每一个细节，包括死亡本身。他们认为自杀才是罪大恶极。从这些人身上，他找到了人们对于生命意义的认知，同时也发现自我理性的认知却是全然地排斥生命。

　　这个不同的群体矫正了他的看法，也使托尔斯泰顿然找到了生命意义的答案，那就是信仰。"代表学者和智者的理性认知否定生命的意义，而普通的人民大众承认这种生命的意义存在于理性的认知中。这种非理性的认知就是信仰。"这是一个不同于叔本华不同于所罗门不同于释迦牟尼不同于一切科学的重要发现。这个发现就是在今天听来也是很有说服力的。

　　沿着这个思路他开始参悟生命，进一步探索和求证。反思以往的思想历程，托尔斯泰再次否定了过去自己所依托的理性的认知。"除了之前我认为是唯一理性的知识以外，我不得不承认，在当下全人类中还有一种非理性的知识，那就是信仰，它提供生的可能。""无论何种信仰给什么样的人提供了什么样的答案，任何一个答案都能赋予人类有限的生命以无限的意义，这种意义不能被苦难、贫穷和死亡所摧毁。也就是说，只有在这种信仰能够找到生命的意义和活下去的可能。"他说信仰就是生命的力量，个人以为这个说法甚为可信，能够为每一个有信仰的人感同身受。信仰是光，照亮一生。当然，这个信仰不一定就是宗教，而是每一个个体活着的信念。"如果一个人活着，他肯定坚信着某些东西。如果他不相信人是为了某些东西而活，那么他活不下去。如果他看不到，也不明白这种有限的虚无缥缈，他就会相信这种有限。如果他明白了这种有限的虚无,那么他就会信仰无限。没有信仰,就不能生存。"而一个人为了能活下来,就需要对无限视而不见,或者把有限和无限联系起来解释生命的意义。"我是什么?是无限的一部分。要知道在这几个字中已经包含了全部的问题。"此时回过头来,他看到:"尽管我、叔本华和所罗门都是智者,但是我们却站在了一个愚蠢的地方,我们明白生命就是罪恶,但是我们依然生活着。""最后,我逐渐明白,信仰所给的答案中蕴含着人类最高深的智慧,我没有权利基于理性而否定这些答案,最重要的是,只有这些答案能回答生命的问题。"

怀着这个兴奋的发现他回到教会,希望在宗教中体会"信仰"。他耐着性子,努力使自己和教徒保持同样的体验,但他还是再次失望了,因为"他们给我叙述的教义越详细、越多,我就能越清晰地发现他们的错误,并且失去在他们的信仰中找到解释生命意义的希望"。他们的实际生活与他们教义里讲述的那些原则根本不一致。"他们在自欺欺人,和我一样对生活的意义没有其他想法,为了活而活,及时行乐而已。"在教徒身上,他无论如何也看不到信仰的真实性——那不是内化到他们心灵的东西,他们也不曾用行动去践行,他们所谓的信仰,"只是享乐主义在生活中的自我安慰罢了","我完全明白了,我所探求的是信仰和生命的力量,而他们寻觅的是如何在世人眼中用最好的方式完成自己作为人的某些义务。当然,他们是用世俗的方式去完成世俗的事务。无论他们说如何同情迷路的兄弟,如何在上帝供桌前为他们祈祷,但为了完成世俗的

第二辑 觉知，觉醒

事务还是会使用暴力，过去是，现在是，将来也是"。

　　于是，他又把目光转向了给予他启示的正在创造生活的亿万普通人。"为了整个人类能够生存下去，为了延续生命并赋予生命意义，这亿万人应该对信仰有另外一种或是真正的认知。要知道使我相信信仰存在的不是我、所罗门、叔本华没有自杀这一事实，而是过去和现在都生活着，并把我们带入他们生活大潮中的亿万人。"于是他开始观察这个人群的生活和信仰，同时也开始了他放弃贵族的优裕生活，和农奴同甘共苦的人生。在这些人身上，他看到，尽管他们的生活条件那么困苦，他们所处的环境那么恶劣，他们拥有的资源那么匮乏，但他们的内心却感受到了莫大的幸福，这是他过去从不曾发现的，这一发现给他的思想注入了新鲜的空气和活跃的内容，他爱上了他们。"我生活的圈子中富人和知识分子的生活不仅使我开始感到厌恶，而且在我看来，还失去了所有的意义。我们所有的行为、论证、科学、艺术展现在我面前的都是胡作非为。我明白了，在这里找不到生命的真谛。我认为劳动人民创造生活的行为才是真正的事业。我明白了，这种生活的意义是真理，于是我欣然接受了它。"同时他也明白了，是富足的生活条件遮蔽了他对生活的认知，贪图享乐使他变成刽子手、醉鬼、疯子，如此的人生怎么可能还有意义呢？在他看来，对于生命是罪恶的推导都是建立在这一狭隘的个人经验之上的，虽然这个结论对于特殊的一小群人来说是正确的。"的确，我的生命就是无休止地纵欲，就是毫无意义和罪恶。然而，生命是

'毫无意义并且罪恶'这个答案只能形容我的生命,而不是芸芸众生的生命。"正如每个人的哲学都是他自己的哲学,每个人的人生都是他自己的人生。"我告别了以前的贵族生活,并且意识到,这不是生活,仅仅是类似生活,是一种富足的条件,我们生活在这种富足的条件下,也正是它剥夺了我们理解生活的可能。想要理解生命,就不应该去理解生命的特例,也不是去理解我们这类寄生虫,而是去理解广大劳动人民的生命。是这些人创造了生活,赋予了生命意义。"

走到这里,托尔斯泰的视野才真正地打开了,他看到一个人原来可以有完全不同的人生,"后来我爱上了好人,憎恨了自己,并且承认了真理。如今对于我来说,一切都明白了"。正是这一觉悟,及时拯救了他,他说他知道了生命本身没有意义,是信仰赋予了生命意义,赋予生命死亡也无法带走的意义,"信仰就是上帝,让生命超越死亡达到永恒"。他说:"我明白了,如果我认知生命,参透生命的意义,我就不应该像寄生虫一样生活,而应该过真正意义上的生活,接受真正人类赋予生命的意义,和生活融合,从而来阐述和验证生命。"这个时候,他又回归了道德,他说:"不要信仰想象出来的上帝,它只是想就有,没想就无的意念。上帝是带来并延续生命的力量,我坚信'道德自我完善'这种意志就是我的上帝。"当这种力量重回到他的身上,他感到自身和周遭的一切变得比以往任何时候都明亮,"这种光芒从那时起就没有再离开过我"。同样的道德完善,在过去是一种不自觉的行为,而今天却让他清晰地知道，离开了这个他就无法存活。与此同时，他也自觉地和亿万的大众联结在了一起。虽然这个路途并未如想象得一帆风顺，但他毕竟作了尝试。

托尔斯泰的《忏悔录》与奥古斯丁《忏悔录》、卢梭《忏悔录》并称"世界三大《忏悔录》"，浙江文艺出版社在导读中说，与后两者相比，托尔斯泰以对生命思考的深度见长。

（《忏悔录》，列夫·托尔斯泰著，崔建华译，浙江文艺出版社，2015年6月第1版第1次印刷）

2016年7月3日

抛开经验，只如初见
——读克里希那穆提《最初和最终的自由》

几年前，我就买来了克里希那穆提的这本《最初和最终的自由》，然而读了一二十页，却终是没有读下去，读过的那一二十页，印象也是浅的。显然我并没有进入他的精神世界。然而几年后的今天，偶然的机缘里重翻此书，却有了不一样的感觉，我被它深深地吸引了。那一刻，我仿佛看到了时间的曼妙。

而克里希那穆提在书里反复强调的却是要去体验"没有时间"。我们要获得自由，我们怎么才能获得自由？只有当我们关闭了记忆的通道，没有了时间的概念，以"初见"的心情觉知到当下一个接一个的真实发生，从旁观的角度去观察、观照和直面一个又一个的"真实存在"时，我们才可能进入一个崭新的、创造的、自由的世界。而时间无法完成这一切，只能阻碍这一切。因为时间是经验和记忆累积的结果，是"过去"的经验，将过去的经验介入到当下的发生，就会干扰我们对于当下的了解和认知，我们的认识就不充分，不全然，而只有当我们充分、全然地了解当下那个"真实存在"时，我们才有可能从众多的烦恼和困惑中得以解脱。而当下的发生没有时间，不可重复，是全然新鲜的，在你看到你喜欢的某个事物的刹那，你只有兴奋，没有"时间"。当你与你爱的人忘我交流时，只有愉悦，没有"时间"。当你感到极度悲伤时，也只有悲伤，没有"时间"。当下发生的每一次都是"第一次"，都带着"那一刻"的独特气息，那不是时间累积的。时间无法结束烦恼，唯有真实能够。而真实甚至是无需去"接受"而被自然接受的，这就如同我们不用去接受我们是棕色皮肤、黄色皮肤或白色皮肤，那是事实，而我们并不为之烦恼，事实的本身就带着一种自我说服的能力。很多的烦恼都是由过去的经验引起，而每一个当下却都是全新的、未知的，因此具有无限的创造与突破的可能性，用克里希那穆提的话说："只有当一个人能够不用过去，全新地迎接挑战时，只有此时，它才会结出新的果实，丰硕的果实。"

　　如果说时间代表过去，理想的状态是将之抹去的话，那么克里希那穆提也不赞同将希望寄予未来。因为"成为什么"的野心和"信仰什么"的抱负对当下的"真实存在"也是否定的，两者实际也是剥离和相悖的，这是现实与理想之间的一对矛盾。只要有矛盾，就会有冲突，有冲突就有困惑和烦恼。"理想是自制的上帝，而服从一个自我投射的形象显然不是解脱。"理想和现实之间是有距离的，理想是对现实的否定与逃避,"成为什么"说明"不是什么","想要怎样"说明"还未怎样",而那个"成为"和"想要"的都不是事实,而是心理上对于"安全"的寻求,但那是不存在的。在这个问题上,他的主张依然是回到真实,只有安静地观照真实的发生,才能了解真实的全貌并与之同在。只有与真实同在,悦纳当下真实的存在,以平和的心态观照自身,无论它是丑陋的、邪恶的、自私的还是褊狭的,才能终止烦恼,得到平静和喜悦。未来是对当下的逃避。我们只需停留在那一个真实的时刻并与之同在,"如果你沉浸在悲伤里,那么就悲伤吧。""做你自己并和它待在一起。"

无论是抹去记忆,还是消除"未来",都是为了给当下的真实留出更多空间和可能性,而"真实就是现在的你,你的所为,你的所思"。在拥抱真实的过程中,克里希那穆提反复强调"觉知"。只有自我了解,而非求助于他人或外物,才能产生正确的思考和行动,从而结束混乱。"自知是不能靠任何人,靠任何书籍,靠任何忏悔、心理学或心理分析师而积累的。因为那时你的生活,必须由你自己发现。"而"要了解真实存在,就要求更大的智慧,更多的觉知",觉知是一个没有以往经验介入的被动过程,是"不带谴责的观察",那一刻的头脑是寂静的,停顿的,带着某种"宁静的深度",没有思想,不发表意见,不介入观点,"只是在那看着",而那个"看着"的时刻又与所看的对象有着完全的交流。觉知不是内省,内省是基于自我中心的自我完善,它导致挫折和更多、更大的冲突。觉知恰恰相反,它是自我的终结,是一个从自我的行动中释放出来的过程。"内省是一种自我完善，自我扩张的形式，它永远不会把我们领到真实那里，因为它始终是自我封闭的过程；而觉知是一种可以产生真实的状态——那真实存在的真实，我们日常生活的简单真实。只有当我们了解了日常生存的真实时，我们才可能走得更远。""因为有越来越广阔的觉知，就有了从所有隐藏的思想活动、动机、追求解脱越来越大的自由。觉知是自由，它带来自由，它产生自由。"一个完全觉知的人不祈祷，不求助，因为他没有欲望，无有期求，不想要任何东西，他沉浸于当下一个又一个新的发生。"一个不要求任何东西的人，一个没有追求某个目标的人，一个不管结果的含义是什么、也没在苦苦寻求它的人，这样的人是处在不断体验的状态里的。"

　　依循自己的基本思路，克里希那穆提还在书中谈及宗教、信仰、戒律，谈及性和爱、生命与死亡、真实与谎言、单纯与浅薄、已知和未知，谈及国家、种族、社会、战争，思想一脉相承，却很难将之框定在某一种既定的知识或理论体系当中。当然，如果将克里希那穆提当作知识去阅读，那显然是对克里希那穆提的误解。

　　（《最初和最终的自由》，克里希那穆提著，于自强、吴毅译，史芳梅校，华东师范大学出版社，2005年11月第1版，2007年7月第3次印刷）

2018年4月21日

觉知，觉醒

——读阿玛斯《阿玛斯开悟自传》

科威特人阿玛斯记录的是他灵修、开悟的美妙过程，但他的觉知完全是跟着自我的本性在流动，他从意识的一个个表象进入，由浅入深，被自然地带到这里或那里，他只是跟着它，不刻意不强求，因为一切就在那，本就在那，他需要的不是寻找，而是跟随，不是探寻，而是觉知，如他自己所说，带给他个人蜕变和体悟的真正源头乃是存在本身及其根本的指引，而这指引，让他体验了无比奇妙的心灵之旅，亦给读者的我带来共鸣的欢喜。

打坐、冥想抑或任何一个沉静下来的时刻，我们的心灵都可能有无比美妙的呈现，一个意识，一个意境，一个闪念，或如浪花翻涌，或如星光闪烁，或如大气般空无澄澈，难以形容，却让我们刹那间看到平素不易看到的景象，获得平时不易获得的洞见，它不期而至，却可感可触，真实不虚，让我们觉知生命更多的层次以及深层的美和意义，激起我们对生命和生活新一轮的激情与热爱。这本身就是一件美的事。阿玛斯静心冥想的时刻大多是在夜晚，夜深人静，他感受一个个"清澈而单纯的临在"，澄明、空旷、寂静、通透，没有了时间和空间，很多的觉知便在那些个时刻浮现，带他体验感知和发现的乐趣，完成一次次的更新与蜕变。

全面的敞开与接触，使他脱离了"念头""记忆""概念"和以往的经验习惯，使他发现并摆脱人际关系、工作、兴趣、写作、阅读、书本、房子、家人、学生、观念与思想、偏好与偏见，包括那些让他感到自由和扩展、带给他收获和满足的活动给他带来的无形禁锢与束缚，获得"超脱超越""无以限制"的感觉，使他直达至境——他说：我本是那寂静的观照，开阔浩瀚，超越了时空，完全静止，无所涉入，但极其觉醒，我不需要解脱或成道，我一直就是解脱的，以前如此，以后也将如此，而且我不可能被困住，因为我的本体就是完全超然的观照。是的，所有的"追寻"都只在路上，所有的"修道"都尚未在道上，本就"在家"的人，无所谓渴不渴望"回家"，本就在那的一切，也从不会失去。孔子曰："生而知之者，上也。学而知之者，次也。"人的根器本就不同，如佛教说的慧根，有些东西就是与生俱来。一些人终生寻而不得的，另一些人则可能直接抵达。一个了然觉知、觉悟的人，能够清晰地知道、看到自己的过去、现在和未来，他安详从容，寂静欢喜，享受生命美丽的花开。老子曰："人法地，地法天，天法道，道法自然。"如能顺乎自然，随心所欲，直抵超然忘我、忘道、忘机之境，难道不是更为美妙吗？

阿玛斯说，他超越了时间，也超越了无时间，超越了一切，超越了万事万物，体验到"超越自由的自由""没有空的空"和宇宙性的观照，获得了一种终极感。"超越自由的自由"和"没有空的空"我没有体验或感知过，因此听到的刹那给予我启示和新鲜感。但"超脱超越"的感觉我有，并于今年生过一场小病、与死亡照过一面之后变得愈加强烈，似乎有一种能量自生命深处迸发而出，汩汩而至，无穷无尽，不可阻挡，带着喜悦和感激，于自然和生命的无限空间里不息延展。那样的时刻，忘记了生命，忘记了自我，或者如马可·奥勒留·安东尼在《沉思录》中所说，抽离于万物，将自己"提升"到一个"局外"的角度，从而昭见了自然的和谐、大美与永生永在，体验到无限的超然与超脱，如阿玛斯所见：世界所有的现象都和谐地融汇在一起，成了完全的一体，"我看见了万有，绮丽得无法用语言来形容，里面充满了爱与恩典"。

他感受到自身与万物的紧密联结，体验到自身与万有的合一，看到万象一体。这让我联想到不久前的一个中午，当在玉泉路下了公共汽车，被春天和煦的阳光照着的那一刻，恍惚间我感觉自己是一朵小花或一棵小草，融入春天的花木之中，和自然万物一起幸福地被阳光普照着，感觉，又没有"感觉"，没有了"自我"，没有了"形体"和"形状"，自然地、不知道是在什么时候和万物万有联结在一起，融为了一体，混沌，但美好，联结，而又不知不觉，无法形容，却又美妙之至。我只想停在那一刻的光阴里。很多的生命能量就是来自这深广的联结吧？天人合一，与万物相融共处，吸收天地万物之精华，颐养精神和灵魂，使之日益清新、清澈，纯净、纯粹。喜悦只是跟随生命流淌的自然本有之事。

在作宇宙性观照的同时，阿玛斯始终未放弃对"个人性"的探寻，甚至认为个体自身的"存在"是导引一切的根本，而恒定永在的自性则被他称作绝对之境。绝对之境来自自性，又超越了自性，始于光之前，带着"内孕的光明"和本有的澄澈，"我就是澄明清澈的存在"。他赞美"神性"的伟大，也肯定"人性"的价值，注重神性与人性的统一，觉知自我的生命既是个人化的灵魂，又是绝对之境的浩瀚。缺乏神性的人性和缺乏人性的神性都是有缺憾的，两者的结合使他既完成了神性的觉悟与使命，又参与并获得了鲜活、丰富而又健康的生活经验，他说：我不觉得我只是一个存有，我更是人，一个活生生、有反应、在运作的觉知之人，而我同时也是绝对奥秘的化身，与它形影不离。内在的蜕变已经稳定地消融掉了我与世界的距离，使我对这个世界的欣赏越来越深，我变得更能全心投入，走进生命、人群以及各种事物中。爱与欣喜都加深变广了，我不只更能参与生活，也能带着越来越浓厚的热情及全然性，去享受我生活中大大小小的事。神性与人性的融合，使他的心灵更为和谐与敞开，更加自如和自在。这也符合我的生命体验和人生态度。而我同时又感觉自己是幸运的，因为我似乎一直处于"欣赏"的状态之中啊，以自身的内在之美和敏感之心时刻与外界、外物作着深切的呼应，一切那么美，那么好。如奥修所说："生命是接连不断的庆祝""你就在你此时此地的荣耀中"，人生就是一场盛大的欢喜与赞美，而一切，就在那。

虽然没有阿玛斯一会儿有铅一会儿有水晶等具体物状在体内变幻的体验，但他描述的心灵和意识的基本样貌与轨迹我能够理解和感知。透过表象，他捕捉到一个个"用新的角度看待生命"的时刻，而当下的我，也正处于如此的状态之中。全新的呈现引领他一点点进入，逐次展开并不断深化，直至使他看到"实相"——终极实相就是本我，以及本我的自性；是我的存在，却无"我"的感觉——这听起来似乎有些玄，而心灵的层面不就是以觉知的、貌似"玄而又玄"的方式呈现和展开的吗？带着自性的光芒，亦带着神性的暗示。在我看来阿玛斯的说法是可信的，他说："我之所以知道是因为我就是它。"就像读这本书，我之所以相信，是因为我有同感。阅读的过程中自然地穿插了一些交流和对话，使这个过程变得更为美妙。观照整个旅程，他说他一直觉得自己遭到了放逐，在寻找回家的路。我在旁边信笔批注：我好像一直就在那，从未离开。这感觉是真实的。他说："超越了野心，超越了成就，家就到了。满足，不用原因，安详，不求自得。"我在旁边随手写下：我一直在"家"啊。这感觉也是真实的。他说，回家就是生命之旅的终点，我想说，是终点，亦是起点——从源头来到源头去，如一而终的生命如此圆满……

阿玛斯的灵修之旅借鉴了心理学以及基督教、佛教的理念，但他总体还是超越了"理念"，只让外在成为内在的焕发与导引，使他于静定的时刻看到内在本有的示现。

　　虽然已经感知到生命五个以上的元次，当然也包括对死亡的觉知（他这方面的觉知不够诗意，认为死亡就是肉体和意识的全然止息），但这个过程还远未结束，而且不可能结束，就像他所体验到的绝对之境对他来说既是可知又是不可知的，可知的部分毕竟有限，不可知的部分则无穷无尽，无休无止。人的心灵和意识领域想必还有很多层次没有打开，而觉知和进入的过程，却充满了愉悦。

（《阿玛斯开悟自传》，阿玛斯著，林群华译，胡因梦审，中国文联出版社，2015年9月第1版第1次印刷）

2016 年 3 月 27 日

探寻艺术的本质
——读丹纳《艺术哲学》

一

在傅雷家书中，傅雷先生曾给远在欧洲的儿子傅聪苦口婆心推荐丹纳的这本《艺术哲学》，而这书也是大翻译家傅雷先生亲译的，因这两点，我将它买来，渴望一睹其神采。

艺术哲学，给我打开了新的见识。它探寻艺术的本质、特性、规律、艺术家和艺术品的等级，为我提供了一个新的思考角度，给予我很多新的启发。丹纳以自然界为参照去看待艺术发展，按照植物生长的规律去推演艺术，得出一些重要而新颖的结论。

丹纳认为，艺术品有其独特的个性，艺术家不是孤立的，无法脱离其所处的时代和环境，艺术大家的产生不是偶然的，达·芬奇，卢本斯，莎士比亚，都只是他们那个时代艺术的枝蔓中最美的一根枝条。而艺术品的本质则在于把一个对象基本和重要的特征表现得突出而完全。"艺术品的目的是表现某个主要的突出的特征，也就是某个重要的观念，比实际事物表现得更清楚更完全；为了做到这一点，艺术品必须是由许多互相联系的部分组成的一个总体，而各个部门的关系是经过有计划的改变的。"艺术是"既高级又通俗"的东西，要能把高级的东西传达给大众。这要借助于艺术家必备的天赋。

在他看来，不是精神气候产生的艺术家，而是先有天才和高手，正像先有植物的种子一样。然而时代趋向却始终占着统治地位，"群众思想和社会风气的压力，给艺术家定下一条发展的路，不是压制艺术家，就是逼他改弦易辙"。这在中国似乎不难理解，历史上多少文人、艺术家迫于环境的压力收起自己的笔墨一度改弦易辙呀，不赘述。丹纳得出结论："不管在复杂的还是简单的情形之下，总是环境，就是风俗习惯和时代精神，决定艺术品的种类；环境只接受同它一致的品种而淘汰其余的品种。"继而他用各个时期建筑、绘画、文学领域的大量例子去佐证这个结论，同时也论述不同时期文学和艺术的不同特点，证明"不论你们的头脑和心灵多么广阔，都应当装满你们的时代的思想感情"，作品与环境必然完全相符，"不论什么年代，艺术品都是按照这条规律产生的"。

为进一步阐明他的论点，他单章着重讲述了拉丁民族中一致公认的最优秀的艺术代表——意大利文艺复兴时期的绘画和日耳曼民族最优秀的代表尼德兰绘画，以及"最伟大最有特色的一派"的代表——希腊的雕塑，其间不时掺杂着些新的观点。

在他看来，意大利文艺复兴时期的艺术处于艺术萌芽期和艺术凋谢期之间的短短五十年间，而意大利绘画之所以采取如此的途径，产生如此的成就，首先应归因于"民族的和永久的本能"。意大利人的想象力是古典的，受外来影响较小，或者说，抵御外来文化的能力较强，因而在建筑、绘画等很多方面保留了自己的风格和民族特性。比如意大利画派不重视风景，题材主要是人，"文艺复兴时期的意大利画家创造了一个独一无二的种族，一批庄严健美，生活高尚的人体，令人想到更豪迈，更强壮，更安静，更活跃，总之是更完全的人类"。即使在日耳曼族南侵的形势之下，意大利的建筑还是其古代风格，即便是在改变风格之时，也保存原来的趣味，采用坚固的形式，窗洞不多的墙壁，装饰简单，喜欢天然的明亮的光线，充满刚强、快乐开朗、典雅自然的气息。而就艺术与才能的关系，他也得出结论：艺术是影子，才能是本体，艺术始终跟着才能的诞生长成，衰落。才能带着艺术出场，前进，使艺术跟着它的变化而变化；艺术的各个部分和整个进程都以才能为转移。它是艺术的必要条件，艺术有了它就能诞生。

其次要符合欣赏和制作第一流绘画的条件。首要的，就是要有教养。"要看了有所领会，觉得愉快，必须在粗野生活中脱出一半，不完全转着吃喝和打架的念头，必须脱离原始的野蛮和桎梏。"静观默想，修饰欣赏，是15世纪意大利人发生的变化，点缀生活，从封建时代的风俗习惯过渡到近年精神，意大利人开了风气之先。在人类史上，我们第一次遇到一个社会把精神生活的享受看作高于一切。与此同时，还要保持精神的平衡。意大利的绘画"好比马的奔跑，鸟的飞翔，完全出于自然"。而相比之下，德国是一个创立形而上学和各种主义的国家，太多的玄想妨碍图画的艺术；英国的现代画家在丹纳看来是头脑呆板、意境狭隘的匠人，"画的干草、衣褶、灌木，都非常枯燥，繁琐，令人不快"；巴黎是"目前世界上最喜欢谈天和读书的城市，最喜欢鉴别艺术，体会各种不同的美"，而且被认为是生活最有趣，最有变化，最愉快的城市，尽管法国的绘画胜过别国，但连法国人自己也承认比不上文艺复兴时期的意大利绘画；而作为现代人的我们，已经不是自然而然成为画家的了，"我们脑中装满混杂的观念"，这都在妨碍艺术的发展。"文艺复兴是一个绝无仅有的时期，介乎中世纪与现代之间，介乎文化幼稚与文化过度发展之间，介乎赤裸裸的本能世界和成熟的观念世界之间。"它兼有两种性质：有野蛮人的强烈与持久的幻想，也有文明人的尖锐而细致的好奇心。而意大利绘画重人体的风尚和画出世界一流人体画的举动，则需到彼时动荡和残暴的社会风气中去寻根，只是到了艺术真正繁荣的时期，战争才不像过去那么残酷，城邦逐渐安定，财富和安全有所增加，古代文化和思想开始复兴，这些情形使凝视来世的眼光重新转到现世，追求人间的幸福代替了对天堂的想望。

在这一节中，他也带出他的另一个判断：要产生伟大的作品必须具备两个条件：第一，自发的，独特的情感必须非常强烈，能毫无顾忌的表现出来，不用怕批判，也不需要受指导；第二，周围要有人同情，有近似的思想在外界时时刻刻帮助你，使你心中的一些渺茫的观念得到养料，受到鼓励，能孵化，成熟，繁殖。"才智之士聚在一起才最有才智"。而当国家从天真的工匠一变而为彬彬有礼的绅士，铺子和学徒的制度被画院代替，艺术家不再自由放肆，诙谐滑稽，不再于游戏和神侃中创作而变作机警、虚荣、卑躬屈膝、谄媚奉迎的佞臣，绘画就丧失了原始的活力，开始衰落和变质了。

尼德兰绘画作为日耳曼文化的杰出代表，显示了日耳曼人的突出特性。那是长期形成的民族性和由习惯推演出来的民族本能。处于北方恶劣环境的日耳曼人不同于意大利人和法国南方人的简单活跃，谈吐自如，优雅大方，他们感觉迟钝，但沉着安静，具有持久的忍耐力。拉丁民族重形式和感官的愉悦与刺激，日耳曼民族则重本质、真相和内容。截然相反的天性使两个民族产生了不同风格的艺术，以及体现不同精神修养和趋向的艺术品。然而绘画在其他日耳曼民族中均流产，唯于尼德兰一枝独秀。丹纳说，艺术家的眼睛对形体与颜色必须特别敏感，必须不经过教育和学习，看到各个色调的排比觉得愉快，视觉必须敏锐，红色和绿色能产生丰富的共鸣，一个想做画家的人应当看到这些景象乐而忘返。"因为这个缘故，德国和英国没有产生第一流的绘画。"在德国，纯粹观念的力量太强,没有给眼睛享受的余地。而英国人气质太好斗,意志太顽强,思想太实际,太冷酷,太忙碌,太疲劳,没有心思对于轮廓与色彩的美丽细腻的层次流连忘返,作为消遣。唯有法兰德斯人和荷兰人为了形式而爱形式,为了色彩而爱色彩,"真正的艺术,摆脱哲学意向,不走文学道路,能够运用形体而不受拘束,用颜色而不流于火暴的绘画,只存在于他们和我们国内"。重真实和内容的本能贯穿在他们的宗教、文学、艺术,尤其是绘画之中,这个特点使他们与受着同样风土滋养和审美教育的威尼斯画派区别开来,以卢本斯为代表的尼德派画家从阴暗的调子中找到新的和谐,这一点从荷兰画家伦勃朗身上亦能找到共鸣。

　　法兰德的艺术表现的是法兰德的心灵,当法兰德的画家取法意大利和罗马的时候,他们的艺术开始衰落了。"画家从罗马回来,想继续走意大利艺术的路,但周围的环境同他所受的教育发生抵触;他没有生动的现实刷新他的思想感情,只能靠一些回忆。"意大利绘画健康活泼的人体和超越时间和地域的为求美而简化的现实与日耳曼与法兰德斯的民族性是最抵触的,"法兰德斯的画家一朝受到完全相反的规则束缚,只会丧失他原有的长处,而并不能获得他所没有的长处"。然而即使他所受的教育也无法完全泯灭他的民族性,在勉强模仿意大利的风格之下,也会露出法兰德斯民族的痕迹。在丹纳看来,外来影响是暂时的,民族性是永久的。民族的本能在外来势力的影响之下依旧存在,只要有大的波动作为助力,它会重新占上风。

　　荷兰艺术也是如此，当其思想不再依附外来的思想，他在追求中所发现的是他自己的感觉，他敢于信任这个感觉，跟着这个感觉前进，不再模仿，取之于己，在创新之时只听从感官和内心的嗜好，他的艺术就迎来了鼎盛的时期。在荷兰艺术家中，超越了民族界限和时代界限，表现出日耳曼民族共性的画家，有两位，一位是依靠细腻心灵和高深教育的拉斯达尔，一位是依赖与众不同的眼光和泼辣豪放天赋的伦勃朗。他们的绘画亦与意大利绘画表现出截然的不同："希腊人和意大利人只看到人和人生的最高最挺拔的枝条，在阳光下开放的健全的花朵；伦勃朗看到底下的根株，在阴暗处建立和谐。当有一日荷兰人忘记了他们天生的趣味和独特的才能，他们的绘画也走向了同样的没落。"

　　希腊的雕塑作为"最伟大最有特色的一派"，深受丹纳推崇，被他描画得鲜明而唯美。这个章节曾经被作为同名的书呈现给读者，我在早些时候读过并做过笔记，大致说来，面对碧海蓝天、生活在明媚群岛中的希腊人聪明，入世，单纯，明亮，健美，具有欢乐活泼本性的他们需要强烈生动的快感，视人生为游戏，一切为我所用，其感觉的精细，观念的明确，对现世的爱好，都渗透在他的艺术作品中，其集朴素与华丽于一身的境界，是现代人难以抵达的——他们和自然的生活更接近，少受文明的奴役，更接近本色的人，平衡而简单的心灵状态造就了其和谐完美的艺术——"靠着这种气质，他们的雕塑达到尽善尽美之境而真正成为他们的民族艺术；因为没有一种艺术比雕塑更需要单纯的气质、情感和趣味的了"，而"我们的民族一开始就得到太多的东西，把头脑装得太满"。所以今日的我们不得不回过头来向他们去求范本。对美的极致崇拜产生了永远的维纳斯和博物馆里轮廓俊美的希腊少年，而这些遗留下来的残缺的作品才只是希腊艺术璀璨明珠中的一粒两粒，彼时的希腊艺术是希腊人生活、生命乃是血液的一部分，是天然的流露。

绘画之外，希腊人的诗歌、舞蹈、歌剧等一切的艺术形式也都更自然，更豁达，更开阔，更辽远，更有超脱的气质与情怀。他们不需要舞台，不需要人造的背景，近处的海洋远处的大山都是他们天然无瑕的背景，他们的艺术他们的环境和他们明亮欢乐的气质浑然一体。那是一种和他们的艺术一样美妙、愉快的感觉，这种感觉影响了千百代人，直到今天，依然是典范。

在"艺术中的理想"一章中，他谈及艺术家和艺术品的等级，认为真正天才的标识和其独一无二的光荣，在于脱离惯例与传统的窠臼，另辟蹊径；而作品经过了千百年的淘洗依然得到一致的评价，这个作品才经受住了考验，具有了较高的价值等级。艺术品等级的高低取决于它表现的历史特征或心理特征的重要、稳定与深刻的程度。"在自然界的顶峰是控制别的力量的最强大的力量；在艺术的顶峰是超过别的作品的杰作；两个顶峰高低相同，最高的艺术品所表现的便是自然界中最强大的力量。"一件作品越能表现某个显著的特征并使其居于支配一切的地位，它就越完善，是特征不变性的大小，决定了特征等级的高低，可变性越小，稳定性越强，就越重要。特征等级的高低取决于特征存在的久暂，取决于同样的破坏因素袭击时，保持完整的程度以及抵抗的时间长短。最稳定的特征，是最基本、最普遍、与本体关系最密切的特征，是一切智力活动所共有的特征，它更接近本质，在更大范围内出现，占据最重要的地位。作为艺术表现的对象，时髦风尚是最为浮浅、生命最为短暂的特征，会随着流行的消失而消失，这可以解释某些畅销书寿命的短暂；民族性以及种族性却是潜藏于深处、不易改变的"原始地层"，同民族的本能与才能一起发挥作用，使杰出作品的产生成为可能性。一部书的精彩程度取决于特征的稳固程度与接近本质的程度。一部热闹非凡的流行作品，或者在某个时期内被捧为杰作的作品，未必就是可以传世的经典。就雕塑而言，列入最低级的是不表现人而表现人的衣着，尤其表现时髦衣着的艺术家，"在运用文字的新闻记者之外，他是用画笔的记者；可能他很有能力很有才气，但他只迎合一时的风尚；不出二十年，他的衣着过时了"。包括画意极少而文学意味很浓的英国画家，在这个方面也是走了弯路，"作家首先应当创造活的心灵；雕塑家和画家首先应当创造活的身体。艺术上各个时代的等级便是以这个原则来定的"。意大利文艺复兴时期的绘画、雕塑即是以深入地描摹和刻画人体取胜的，大画家表现出了用人体创造出一个种族的天赋。是否能够表现深刻而经久的特征，是区分一流和二流艺术家的标志。即使同一个艺术家，他在做出平庸作品的时候，只表达了一些浮表而暂时的特征，做出杰作的时候则是抓住了经久而深刻的特征。伟大的作品表现深刻而经久的特征，是历史的摘要，表现一个时期的主要性格，一个民族原始的本能、才具与特性，或者普遍人性中的某个片断以及人类共有的感情。越是伟大的艺术家，越是将他本民族的气质表达得深刻而淋漓。因此，当我们置身于林林总总的作品之中，不要被时下的乱象所迷，交给时间去检验。

　　艺术品的等级取决于特征的等级，而特征的有益程度亦会对作品施加影响。在艺术家身上，有益的特征是微妙的感觉，敏锐的同情，能够使事物在内心自然而然地再现，对于事物主要特征与周围的和谐能够有一触即发的独特领会，应具备如此的特殊才能，比如对爱的感悟力，在我们所要建立的等级上，就居于首要的地位。文学价值的最低等级是写实派文学与喜剧特别爱好的典型，一般狭隘、平凡、愚蠢、自私、懦弱、庸俗的人物，倘若这些人物数量很多且占据主要地位，读者会感到厌倦、疲劳甚至恶心；深刻的文学作品把人性的重要特征、原始力量、深藏的底蕴表现得比别的作品更透彻；理想的文学作品中的理想人物只能在原始和天真的时代大量诞生；而最高处的文学作品是一般告知，救主和神明，是希腊的荷马史诗、印度的吠陀颂歌，是古史诗和佛教传说，在这个阶段上，人改变了容貌，他不受限制和约束。"凡是他的幻想所能想象的，都靠着信仰实现了。人站在高峰的顶上；而在他的旁边，在艺术品的峰顶上，就有一批崇高而真诚的作品，胜任愉快地表现他的理想。"就人而言，体格的完整也是有益的特征，而在肉体与精神的关系上，精神生命是肉体生命的终极，肉身开的花，缺少精神，肉体就残缺不全。由此他推演出表现人体的艺术品的等级，作品的精彩程度取决于有益人体的特征表现的完美程度，其中最高的典型是既有完美身体又有高尚精神的人，像米开朗基罗作品所表达的意志的坚强卓越，拉斐尔作品所传递的心灵柔和与永恒的和平，雷奥那多作品透出的智慧的超越与精微的玄妙，皆是如此。希腊艺术更是登峰造极，"一种更天然再朴素的文化，一个更平衡更细腻的种族，一种与人性更合适的宗教，一种更恰当的体育锻炼，曾经建立一个更高雅的典型，在清明恬静中更豪迈更庄严，动作更单纯更洒脱，各方面的完美显得更自然。这个典型曾被文艺复兴的艺术家作为模范"。总之，以万物为对象的艺术，不论表现的是万物的内在要素的一个深刻的部分，还是万物发展的一个高级阶段，都是高级的艺术。

此外，特征的效果集中的程度也影响艺术品的价值。特征不仅要具备最大价值，还须在艺术品中尽可能地支配一切，也就是说，一幅画，一个雕像，一首诗，一座建筑，一支曲子，其中所有的效果都应集中，集中的程度决定作品的地位。在大艺术家的作品中会集中凸显人来自天性、不断强化的强烈性格，比真实的性格更有力量，以此构成人物的"底情",当积聚到不得不发之时,作品即自然流露,喷薄而出。人物之外,情节,风格,都要突出而集中,达成一个强烈而极致的效果,使特征完全处于主导和支配一切的地位,从而也最大限度成就了作品的价值。别的方面都相等的话,作品的精彩程度取决于效果的集中程度。文学的草创时期和终了时期都因效果的不能集中而无法强大和繁茂。草创时期能感受到特征的美而无力表达,终了时期受着陈规惯例的束缚而毫无生气。"这时使艺术低落的乃是思想感情的薄弱。以前培养和支配大作品的伟大的观念淡薄了,消失了;作家只凭回忆和传统才保存那个观念,可是不再贯彻到底。"当引进别的精神,即使形式和从前一样,精神也已经变了。而在这里给我们的启示是,继承形式、手法不是根本,根本还是源自内在虔诚的精神、情感和灵魂。对于一个艺术家而言,离开真情实感的时期,就进入墨守成法和衰退的时期了,那时他就不再是创作而是创造了。这个规则在文学史上分出一个文学时期的各个阶段,在绘画史上分出一个艺术流派的各个阶段。就意大利绘画而言,文艺复兴前效果的不能集中是由于艺术家不够熟练,之后的不能集中是由于艺术家不够天真,受渊博之累。"在凋零时期与童年时期之间,大概必有一个繁荣时期。它往往出现在整个时期的中段,一个介乎幼稚无知与趣味恶俗之间的短暂时期。"但无论于何种情形之下,杰作总是一切效果集中的产物,大作家的全部技巧在于追求效果的统一,所谓天才无非是感受的能力特别细腻,但显出这种细腻的,既在于作家所用的方法各不相同，也在于他们的意境首尾一贯。"总之，整个作品从一个主要的根上出发；这个根便是艺术家最初的和主要的感觉，它能产生无数的后果，长出复杂的分枝。"那是一种本我的基调。

整部书耐人寻味，给予我许多有益的警示和启迪，让迷恋艺术的我受益匪浅。

二

读完《艺术哲学》，也写完一篇读书随笔，但总觉得它还有更丰富更深刻的内涵需要我进一步思考。

从个人写作和绘画的角度，《艺术哲学》也给予我重要启示。

首先，关于衰落。当一件作品按照既定的套路轻车熟路地被炮制出来时，或许它已经脱离了鲜活的感情，丧失了本能的冲动，陷入了一种固有的模式，是在墨守陈规中创造而非创作了。这时，已经到了盛极而衰的时候。比如画家，如果翻来覆去就那么几幅画，一个套路，同一个题材画出无数张，张张如此，那么，其发展空间已经很有限了。这对自己也是一个重要的提醒。就写作而言，比如读书随笔，一篇篇于第一时间写出来，虽都是有感而发，但久而久之，是否也应提醒自己提防内容、形式乃至思维的固化？最重要的，是要提醒自己千万不可被"写"束缚，不把它当成任务。不为写而写，也不为出版而写，若是为写而写或为出版而写，那么写出来的东西必然会欠缺一份由衷，同时也会失去一份应有的乐趣。绘画也是一样，要提醒自己谨防因在一种套路里按照惯性创作而丧失鲜活的感悟，让水流动起来，而不是静止，要有突发的欣喜，而不是先验的预知，要用好奇的心灵和新鲜的视角去感受物象，而不是按照经验如法炮制，行所当行，止所当止，顺应自然和自我心性，有则有，无则无，而不是"必须有""必须做""必须写"。当有一天写或画的本身真的成为束缚的时候，那么该放手时就放手。

其次，关于流行。丹纳说，作为艺术表现的对象，时髦风尚是最为浮浅、生命最为短暂的特征，会随着流行的消失而消失。那么作品的寿命也是一样，如果你在作品中表现的是流行的、肤浅的、注定了流行过后就会消失的东西，那么你作品的生命力也会随之消失。因此，应该知道，经典的作品表现深层、恒久、不变之物，不要轻易地跟风，不要为眼前的热闹和利益所动，要将目光和情怀放得深邃，高远。

再次，关于民族性。一个民族的艺术是在本民族的千百年滋养中成熟、成长和传承而来的，不可丧失民族的根性与土壤。这提醒我们不能抛弃自身的文化和艺术而试图将他国的文化和艺术全然地予以嫁接，这一方面无法超越别国的文化与艺术，另一方面也将断送了自己的文化与艺术。只有在本民族文化环境中成长起来的艺术才是最原始、最自然、最本能的艺术，才可能真正达到艺术的顶峰，这是任何临摹、效仿、复制所无法达到的。具体到个体的人，一定要保持自己的特性与风格，不能东施效颦，不能抛弃自己的性格一味地受到外来的影响。当然，不抛弃民族的根性并不意味着冥顽不化，故步自封，而是在保持本能和根性的同时，还要不断地吸收、完善和成长。

（《艺术哲学》，丹纳著，傅雷译，生活·读书·新知三联书店，2016年10月第1版第1次印刷）

2017年3月—4月

跨越千年的追索

——读伯特兰·罗素《西方的智慧》

哲学大师冯友兰说:"良史必有三长:才、学、识。学者,史料精熟也;识者,选材精当也;才者,文笔精妙也。"以此对照,罗素的这本西方哲学史可谓三者兼备也,而罗素的"识"在"选"之外,更是加入了自己的独到见解。有朋友问我这本书是否好看,我说:好看,简要而全面。

"我们现在所了解的哲学和科学都源自希腊人。"不仅仅是哲学和科学,希腊通常被认为是整个西方文明的源头和发端,如依迪斯·汉弥尔顿在她的《希腊精神》一书中所说,作为"最早的西方人",是希腊人给世界带来了全新的东西。而在《西方的智慧》一书中,罗素也说,严格来说,西方的哲学就是希腊哲学,"在短短的200年里,希腊人在艺术、文学、科学和哲学领域都取得了令人惊叹的伟大成就,这些杰作汇聚成奔流不息的激流,最终形成了西方文明的普遍标准","当我们回顾古代哲学的奋斗历史时,可以强烈地感受到希腊心灵在洞察普遍性问题时的非凡力量……如果我们用一句话来描述西方文明的特征的话，那么我们完全可以说，它建立在以希腊精神为主要事业的伦理之上"。他认为西方文明的思想框架中的一切精粹部分，还是要从希腊思想家的传统中寻找。因此，在这本书里，他从"苏格拉底之前"，从始于2500年前的米利都的哲学和科学传统去追溯，以希腊哲学为起点和核心，探究西方哲学的渊源。

从泰勒斯时代、柏拉图学派、犬儒主义、斯多葛学派、新柏拉图主义到普罗提诺时代，从毕达哥拉斯、苏格拉底、柏拉图、亚里士多德、安提斯泰尼、第奥根尼、伊壁鸠鲁、芒诺、西塞罗、塞湿卡（也有译成塞内卡）、爱比克泰德、马尔库斯·奥勒留（也有译成马可·奥勒留·安东尼）到普罗提诺，他勾勒出跨越了九个世纪的西方古代哲学的轮廓。在此基础上，他继而论述托马斯主义、弗兰西斯派、人文主义、自由主义、不列颠经验主义、启蒙运动和浪漫主义、功利主义、存在主义，列举出培根、奥卡姆、笛卡尔、斯宾诺莎、洛克、休谟、卢梭、康德、叔本华、尼采、马克思以及萨特等一系列代表人物的重要思想，直至论及当代身边人以及自己的思想，从而勾勒出整个西方哲学的轮廓。

罗素的讲述不但清晰简明，而且自身作为哲学界的泰斗人物，他有自己的视角和判断，能够将每个时期、不同哲学思想的利弊剖析得十分透彻，"对于苏格拉底来说，哲学就是生活方式"，而作为苏格拉底和前苏格拉底各学派的继承者，作为阿卡德米的创办者和亚里士多德的老师,"柏拉图处于哲学思想的核心地位","中世纪最杰出的思想家也许就是但丁,他是中世纪思想的集大成者"。伊壁鸠鲁认为快乐是最大的善。培根对人类易犯的各种错误所作的论述成为他哲学中最精彩的部分之一。提出"我思故我在"的笛卡尔则以古代哲学家过人的气魄将人们对数学的关注与方法重要性的影响融合成了一种全新的哲学体系,"因此他被称为'近代哲学之父'是十分恰当的"。斯宾诺莎体系对于17世纪科学运动的重要意义,在于它采用同一种标准的决定论解释了宇宙万物。洛克的哲学促使欧洲哲学出现了第一次分裂,而对抽象理念的解释是其缺陷。康德把休谟所说的习惯提高到了某种理性原则的高度,轻而易举地解决了休谟的问题,同时也陷入新的困境中。"黑格尔的政治和历史学说非常怪异",而"值得关注的是,官方的马克思主义学说在这方面也保留了很大程度的黑格尔主义。不知为什么,该学说认为一切活动都必须直接有利于国家利益"。叔本华和黑格尔正好相反,认为知识是苦难的(而不是自由的)源泉,"因此叔本华展示的是一种没有快乐余地的悲观前景,而不是理性主义体系的乐观态度"。叔本华和尼采相比,"叔本华得出的是悲观的结论,而尼采则采取了乐观的态度"。尼采认为坚强的意志是善者的优秀特征,叔本华则把意志视为万恶之源。

"犬儒主义提倡的是把脱离世俗财富而竭力追求德行作为唯一有价值的善。"斯多葛主义真正切中要害的是,它承认在某种意义上，德行内在的善比别的东西更重要，同时提出了天生理念论，这一观点左右了中世纪的哲学界，是笛卡尔方法的形而上学基础。自从14世纪的弗兰西斯派学者否定了理性支持信仰的可能性，并坚持认为理性与信仰互不相干后，中世纪观念就逐渐从舞台上消失了，神学领域不再继续使用哲学，乃至16世纪以后，教会就不再在哲学领域占主导地位了。作为改变中世纪的伟大新生力量，人文主义运动在彼时还仅停留在思想家和学者的范畴中，但它所推动的文艺复兴却点燃了整个欧洲，而这个时代并不是一个伟大哲学思辨的时代，而是一个重新寻根的时代，文艺复兴在哲学领域并没有产生伟大的作品，人文主义学者们所做的工作只是为17世纪伟大的哲学发展铺平了道路。启蒙运动主要是重新评估了独立的思考。18世纪的法国浪漫主义运动反对理性主义思想家冷静、超然、客观的态度，逐渐转化成了对情感的崇尚，提倡一种有风险的生活，希望摆脱都市文明的束缚与腐蚀，把接近自然看作一种独特的美德。浪漫主义抛弃了功利原则，而遵循美学标准。源于18世纪英国的工业革命在哲学方面带来的变化是功利主义的兴起，而功利却是浪漫主义强烈反对的东西。功利主义推导出两个重要结论：一是所有人应享有同等权利和机会；二是平等和安全是构成最大幸福和快乐的首要考虑。

到了当代，虽然罗素说："由于我们与这一时期过于接近，以至于很难用一种恰当的距离和超然的态度来看待它。"但他还是力所能及地去分析和解读，其间自然也提到他自己和怀特海合著的《数学原理》。罗素说，今天，能否为社会所认同，唯一的标准就是能力，这是另一种特权。我们丧失了共同的理解基础，年轻人被专门化的需求和压力引入了狭窄的隧道，以至于没有时间去发展广泛的兴趣。其恶果就是，致力于不同探索分支的人们彼此交流起来往往感到极为困难。除了语言混乱，"艺术与科学的分离，是19世纪的另一个新特征，这种退步违背了文艺复兴时期人文主义者的思想倾向"。与此同时，科学与哲学之间也出现了某种分离，到了19世纪，宽广的哲学视野在英国和德国消失了。科学和技术在改造世界方面似乎显示了无限的余地，但罗素也对此产生了疑虑，他看到："在很大程度上，人与人之间的差异可能会消除，这是我们在有生之年就能看到的一种令人不快的普遍现象，这很可能会使人类社会成为一部更有效率、更稳定的机器，但它肯定会使一切思想上的努力至此结束，无论是在科学领域还是在别的任何领域，这种梦想实际上都是黑格尔式的幻觉。"他说：人的智能有禁锢本能的倾向，从而剥夺了人的自由。而本能的最高形式就是直觉。"理性主义学说认为智能是争取自由的力量，而我们实际上已经远离了自由。"同时他又说："不过，我们可以看到一个普遍性的结论，迄今为止，西方文明之所以能主宰世界，是由于它的技术和产生技术的科学、哲学传统……当西方的技术和技能传播到世界其他地方后，我们的优越地位就因此下降了。"

书中有对现世的警示，在经院哲学一章中，罗素说："人们也许会认为后世的人已经懂得，采取政治迫害的手段是不可能轻易扼杀思想的，但是历史却似乎表明，这类教训并没有被人吸取。"谈及文艺复兴摧枯拉朽的作用，罗素说："文艺复兴的种种新生力量试图摧毁中世纪社会牢固的结构。然而在我们的时代，由于各种不同的原因，似乎还有可能再次出现统治世界的思想。"针对影响哲学发展和传播的印刷术的发明，他说："有必要指出一点，即如果探讨的自由得不到保障，那么印刷术的发明是否算一件好事就值得怀疑了，因为谬论和真理同样易于印刷和传播。如果个人对摆在面前的材料毫不置疑地接受，那么这个人的阅读能力也就没什么价值了。只有在能够自由发表言论和意见的地方，印刷品的广泛传播才会促进探索。如果没有这种自由，也许当文盲会更好一些。在我们这个时代，这个问题已经变得更为严重了。"

这本哲学史是伴着科学史讲述的，其中很重要的部分包括数学、逻辑学等等，这同时显示了西方哲学的发展特征，如罗素在结束语中所说：在某些十分关键的方面，西方的哲学传统有别于东方的心灵思辨。东方文明不像希腊文明那样，允许哲学运动与科学传统联袂发展。正是这一点赋予了希腊探索独特的视野，也正是这种双重性传统造就了西方的文明。"在特定领域内进行的科学探索，与哲学并不是一回事，但哲学思考的源泉之一却是科学。通常，当我们考虑什么是科学的时候，就是在处理一个哲学问题；而对科学方法原则的研究，也就是一项哲学研究。"在书中，数学、逻辑学、天文学等等被大段大段地穿插论述，这个部分对我来说有些枯燥难懂，细节描述也只好跳过了，但不可否认它的价值。

写到中世纪时，他伴随宗教史讲述，在一个宏大的背景中展示宗教与政治、哲学的关系。他从基督教被君士坦丁定为国教，教堂接管了所有神和宗教事务，皇帝处理世俗事务，教会成了新兴民族国家的统治工具讲起，直到宗教改革坚持信教属于个人行为，从而否定了教会的主张。期间伴随着历代皇帝与教皇之间的不绝斗争，而哲学则"变成了一种为基督教及其卫道士们提供辩护的学问"。

在哲学的演进中，他还通过比较来展示不同国家的哲学发展脉络和兴衰渊源，比如谈及希腊和罗马，他说："如果希腊人的失败是因为高智力带来的某种傲慢的话，那么罗马的失败则完全是因为想象力的缺乏。这种心灵的迟钝并不仅仅表现在帝国时代的巨大建筑上，而是在各个方面。希腊与罗马之间精神上的差异，完全可以用希腊神庙和晚期罗马的长方形大会堂来象征。希腊的智慧遗产到了罗马人的手中，多少变得不那么精致典雅了。"但无论谈及哪个部分，始终都注重前后的关联和思想的连续性，使之成为一部脉络清晰、结构严谨的哲学史。

由于之前也曾读过苏格拉底、柏拉图、叔本华、尼采等一些西方哲学家的著作，马克思在中国更不陌生，所以重新将其放到这本书里去思考，自然又有新的收获和启迪。

当然，作了跨越千年的哲学追索，依然要回到哲学的起点，回答哲学和人生最基本的问题，正如罗素在开篇的序言中所说：人们常常会在心中产生很多问题，哲学要做的就是探索甚至是解决这些问题，因此可以试着问自己几个问题，如生活的意义是什么，如果真有的话；世界的存在是否有一个目的；历史究竟要往哪里发展；或者，以上问题是否毫无意义？是否存在我们可称之为"智慧"的东西？或者是否所谓的智慧只是虚妄和疯狂而已？

人类的探索，尚未终止。

（《西方的智慧》，伯特兰·罗素著，伯庸译，电子工业出版社，2013年7月第1版2015年12月第7次印刷）

2016年12月18日